## 第四十一章　明道若昧

上士闻道，勤而行之。中士闻道，若存若亡。下士闻道，大而笑之。不笑不足以为道。

故建言有之：明道若昧，进道若退，夷道若颣。

上德若谷，大白若辱，广德若不足，建德若偷，质真若渝。

大方无隅，大器晚成，大音希声，大象无形。

道隐无名。夫惟道，善贷且成。

具有上乘的品格与智慧的人闻听接触到大道以后，将会不辞辛苦地、不间断地去实践，躬行、身体力行它。具有中等品格和智力，一般人物，听到接触到大道，左耳朵进右耳朵出，好像听到了又好像没有听到。至于品格与智商均属下等的人们呢，听后哈哈大笑。不惹他们笑就不是大道了。

所以已经有这样的立论与说法：

明白朗瑞的大道，反而显得糊里糊涂。催人前进的大道，反而显得像是畏缩后退。平坦正直的大道，反而显得曲折坎坷。

高尚的德性反而好像是低下如溪谷。最大的坦诚与阳光，反而好像有什么短处。开阔丰赡的德性，反而好像是不够用的。刚健质朴的德性，反而好像是投机取巧。真诚老实的德性，反而好像动机不纯。

最到位的方正，反而好像大而无当、缺少棱角。大才大用大人物大材料，反而难以或无法成功。真正的洪钟大吕，你是难以听到的，它是难以让众人听到的。真正的高峰高端的形象，你是看不见或它是很难让你看见的。

大道是深藏不露的，它不会张扬自己，它也无名可显，无话可讲。

然而只有大道才能帮助一切成事。

老子宣扬大道的道路是不平坦的，他的思想一方面极富启发性，极富智慧与精彩，一方面又是难以理解与实践的。他的思想委实很难处于、哪怕是一时处于主流地位。

老子是很有一番人生与传道、授业、解惑方面的感慨的。这些感慨，相当集中、相当充分、相当全面地写到这一章来了。

不是所有的人都能接受老子的玄而又玄的妙理大道。原因是，任何时候，最高妙的妙理大道，都是由凤毛麟角的极少数精英提出来的，他们的境界、胸怀、品格、信息、见闻、经验、思辨感受能力、逻辑与形象思维能力与智商都有可能高于、略高于、大大地高于或一部分高于而另一部分低于公众。如果是确有所长的精英，就不可能感觉不到智慧的孤独与痛苦，高尚品格的孤独与痛苦。

三个臭皮匠，凑成一个诸葛亮，这是一种可能。这讲的是公众思维的互补与集团优势。一个真正的理想的诸葛亮——精英，但愿他是能够与臭皮匠们寻找到共同语言，并很好地依仗和发挥这种集团与互补优势的。

但也有另外的情况，第一，世上确有曲高和寡的诸葛亮，不被理解乃至被误解的诸葛亮，一直卧在卧龙岗，甚至欲踏踏实实地在卧龙岗睡大觉也不可能的诸葛亮。不但有被埋没的诸葛亮，而且有招祸的、死于非命的诸葛亮。

第二，世上确有这样的事例，多少个臭皮匠，不论怎么凑，仍然是臭皮匠，甚至三个臭皮匠由于争执不休，还不如一个臭皮匠。

而且，第三，三个臭皮匠完全有可能排斥一个、压迫一个、消灭即杀掉一个诸葛亮。

当然也有第四种可能，那个诸葛亮是伪诸葛亮，是草包，是骗子，是廉价的沽名钓誉的牛皮大炮而已。在臭皮匠们排斥了一些可能的真诸葛亮的同时，又不幸地与许多假诸葛亮周旋，使诸葛亮的名声大大跌份儿。

上等士人、读书人或有一定地位与影响的人士，闻听大道之后能够身体力行，勤于实践。这并非常见。大道的参考作用、启智作用、开阔作用、供欣赏供享受供讨论的作用，恐怕大于其指导社会实践尤其是执政实践的作用。能对老子式的大道姑妄听之，而不是不合吾意乃灭之除之，这样的态度已属不赖。

同时，按照老子的无为的核心思想，大道应该是无为的结果，是自化的结果，是大德不德的结果。这里提出勤而行之，似有悖于老子的无为自化的理想。暂存疑，待识者教之。

中等人士，听了将信将疑，这很自然。因为老子的大道太深奥也太另类，听听也就是了，能听也就不错了。总会有某年某月，在某事上，中等人士想起了老子的论点，觉得不无道理，不无启发。或者在大学里，在知识界，在阅读活动中，为老子吸引得不亦乐乎。对此老子可以感到满意乃至感激了。

下等低智商或低品位人士，听后大笑？也不见得。大笑起码说明他掌握到了老子的大道的要领、主旨，他确实听进去了一些，听明白了一点，尝出点味儿来了，才觉得有趣与荒唐至极。作为老子，能够获得哄然大笑的反应，应属

可圈可点，颇觉欣慰才是。否则你算什么解纷挫锐、和光同尘，你算什么知白守黑、知雄守雌、知荣守辱？

何况，唯之与阿，相去几何？何必分什么上中下三等人士？何必区分人们对于大道的态度呢？大道氾兮，哪里都流淌，哪里都均匀啊。

依今天的情况设想，上等人士，听到后应该赞叹老子的智慧与他的见解的高端性、阔大性、独创性，应该发出会心的微笑，应该击掌称善，应该从此渐渐向心胸扩展、精神稳健、品德高尚、处事沉着、临危不乱、宠辱无惊、功成身退的方向进展。

至于勤而行之，是不是说得太具体了？也许，勤而行之的启示恰恰在于学道并非不辛苦，行大道更不可以放松，不可以留间隙。大道不是梦里的馅饼，不会从天上自己掉下来。

中等人士听后该会略感迷惑，亦觉不无道理，虽然深奥，听听学学也还有点意思。毕竟是书生之见，纸上谈兵，概念治国，你研究你的大道去吧，我捞我的钱、权、欲望与感官的满足。老了以后，喝茶的同时，听听大道的说法，倒也有益身心，叫做殊不恶焉。

下等人士呢？第一是根本听不懂，如入五里雾中。第二觉得这些研究大道的人是在浪费人民种植的粮食，是寄生虫。第三觉得他们的谈道论玄涉嫌别有用心，不妨建议有关力量把老子与他的信徒们从精神上消灭掉。第四干脆通过揭批老子为自己的『赶上车』作铺垫、搭阶梯。

那么，今天的人怎么『闻』今天的道呢？

王蒙讲说《道德经》系列

一八四

一八三

哪怕你只是在某些方面比公众的平均水准高了一点点，你也会感觉到、会发现：你的光明磊落与清晰明白，由于不够简单，不能够三分钟内叫人判明谁是好人谁是坏人，由于你缺少速成法与简明性，你会被认为是含糊深奥、过于聪明、聪明反被聪明误。

而且你的不论在什么情况下都积极尽力、都勉为其难的态度，极易被认为是一味后退妥协，就是说没有了棱角。要知道越是自己不敢有棱角的人，越要要求旁人猛打猛冲、不成功便成仁。我在美国就碰到过这样的小伙子，在国内找了麻烦，靠着与一位美国姑娘的婚姻，移民到了美国。他在一次会议上质问：『有良心的中国作家们，你们到哪里去了？你们为什么不说话？……』我回答他说：『中国的作家在中国，在中国能更好地办中国的事儿。那么请问，您到哪里去了？您该在纽约来号召在中国的作家怎么怎么样吗？』

而且如果你脚踏实地，你是小步慢进，你选择的当然是低调。你当然无法咋呼喊叫，大轰大嗡。

你的靠实绩靠成果靠资质靠才具与品格成事，而绝对不为自己而为而活动的态度，会使你远远落在大言欺世者的后面。你受挫，便有人幸灾乐祸。你成功，你的高姿态、少计较、考虑大局，便被认为是一种处世奇术。你的兼容兼顾，全面通识，却被攻击为八面玲珑。你的正派从容、重在建设，反而会被攻击为未能符合公众的期待，没有能够成为旗手，成为炸弹，成为导师与精神领袖。你的坦诚公道、诚信坚守，反而会被认为是弱点污点，因为别人谈到自己时都是清一色的光辉无限，而你谈到自己与友人，却承认自己与友人们也是凡人，也有各种不美。坦诚有时换来的不是阳光，而是阴暗的脏水。你的不怕暴露自己的弱点，正成为廉价的攻讦的现成材料。你太干净纯正了，低档次的舆论只



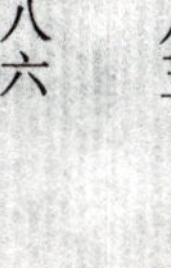

能说你是过人的世故。你的大度与胸怀，你的无蠢无恶无咎，使俗人们看不到你的锋芒与血性，他们埋怨你胆子太小，内心恐惧，没有能做成烈士，没有喋血断头成仁，至少是缺少大哭大闹大叫声嘶力竭鸣冤叫屈大放悲声的记录。

你缺少外露的个性化的自我渲染自我炒作，这就使你追求的大气大器，成就不下来，成功不了，难被认同。你发出的交响乐立体声有几个人爱听？人们宁可去听谩骂诅咒与被麦克风放大了的尖叫。你希望为大道也为自身建立的纪念碑，由于太高太大，永远耸立不起来。大道是深藏的。一般的好事，是可以谈论的；国之利器，是不可以示人的。真正的好事不好公开讲，它涉及保密，涉及受惠者的姓名与心态，涉及他人，涉及难以找到一个向公众揭秘的说法。把不该讲的好事情讲出来就比如把一条好鱼从水里拉出来。

一般来说，在革命的发动期决战期，一阵壮怀激烈就可以成就一个形象。最难的是在后革命时期，或者是老子所处的混战期，胸怀、境界、责任与智慧，远没有一阵激烈冲杀与号喊叫好叫座，你的大道被误解被歪曲的可能大于被正确理解的可能。

得道者有得道者的难处，失道者有失道者的冤屈。当然，人人都是以己之心度他人之腹，人对于别人的揣测与判断往往是自身的情况的转移与投射。尤其是从低处向高看，从小角度往宏大里看，从私狠里往仁德里看，必然得到的是不同的、与自况相一致而不是与大道相一致的恶性结论。

更有甚者，私狠者认为仁德者是虚伪，是更坏的狡猾，因为他自己的狡猾常被识破，从而达不到目的，那么他认为达到了目的的人肯定就比他狡猾百倍了。他们承认狡猾有大小，一心狡猾者有不同的运气，却不承认世上有仁德，

有大道。愚人认为智者高傲、冷酷（因为智者不接受他的低能胡说）、过于聪明。心比天高的受惠者受不了一心助人的施惠者的优越性崇高性，还有就是施惠者与环境在受惠者看来是过分的和谐。怨恨的、愤懑的人们更欢迎煽情、大话、骂娘与空头支票。老子虽然玄妙高深，其实还是有感慨，有牢骚的。这样的牢骚其实极易理解。时隔两千多年，他的这些感慨仍然充满了生活性实在性鲜活性。

然而从老子自始至终的论述来看，越是大道越要具有柔、弱、昧（糊涂）、退（不上进）、颣（曲折）、谷（低调）、偷（懒）、渝（脏）、辱（污）、无隅（圆滑）、不成器、无声无形无名的特色。那么，以上种种当今的有道者给某些人的印象也就是求仁得仁，无可怨怼了。

在本章，老子谈到的对于大道所遭受的误解，比其他任何地方都细都全。

明道若昧。光明的大道为什么显得昏暗不清？众人有时要求的是简明的非此即彼的公式，大道给你的是浑厚的朴质。众人有时要求的是解气过瘾的呐喊，而大道给予的常常是谦逊与谨慎的估量。众人有时要求的是痛痛快快地大干一场，而大道要求的是举重若轻，无为自然。大道是多么的不过瘾、不解气啊。

进道若退。对于要求一步登天的某些人来说，引领前进的大道不是叫你退缩，又是什么？

夷道若颣。平顺的大道好像曲里拐弯与疙里疙瘩。大道不是冰激凌也不是凉粉，大道的许多认识与俗人相反。它要求你谦卑、容纳、无为、不言，这不更像是在找别扭吗？

上德若谷。上品的道德好像低下。因为不争，因为无名，因为不起哄、炒作、大轰大嗡，你太清高了，客观上这

就是对于庸俗人的侮辱与映衬，是对于世俗的挑战与蔑视，你难以见爱俗世。

大白若辱。坦诚与阳光反倒使某些人看到了你的短处，因为你不事遮掩，不作粉饰，不避弱点。而旁人，则致全力于自我美化。

广德若不足。德施万众，则万众期待你的德行，期望值自然升高扩大，你的广德也就不足了。还不是若不足，而是一定不足。

建德若偷。刚健纯正的德性，高于平均数，也常常得到高于平均数的回馈，那么低于平均数差于平均水准的那些人，只能认定你是在投机取巧了。否则，不等于承认他们的低下吗？

质真若渝。自己不纯不真实的人，是无法相信大道的纯真的。他们根本不相信世上有比他们纯正的人。

大方无隅。太方正了反而没有棱角；太方正了你就不会站队拉帮结派，不会为山头而冲锋陷阵；太方正了你就会接受太多的忠言诤言，海纳百川，当然就无隅无角了。

大器晚成或者免成。小巧之物，说成就成；庞大之器，则永远不得完成。一首俳句绝句甚至律诗，可以做到精雕细刻、完美无缺。长篇巨著《红楼梦》却始终没有全本，并可以不断发现它的某些瑕疵。一个苏州绣娘的双面刺绣可以尽善尽美，一个大政治家的业绩却永远做不到。一个小园林可以做到精美绝伦，一条江河、一座山岭、一个风景区却做不到。

大音希声。最大的音乐是世界的交响，最大的声音是天籁的声音，又有几个人听得见听得明听得进？

大象无形。同样，最大的形象是世界之象、自然之象、大道之象，谁看得准看得清？

大象无形。同样，最大的形象是田野之象，自然之象，大道之象，用言语难以描绘。

大音希声。最大的音乐是世界的交响，是大自然的声音，又有几个人听得见听得明白？

一个大政治家的业绩也永远做不到一个小园林可以做到的精美绝伦，一家工厂、一座车间、一个[illegible]

完美无缺，大而全面的[illegible]（政治、经济、社会）没有全本，并可以不断改正它的某些缺陷，一个苏州绣娘的双面刺绣可以尽善尽美。

大器晚成或者免成，说小巧之物、小玩意儿容易造就……而太大之器，则永远不得完成，一首十四行诗可以做到精雕细刻，

[illegible]

大方无隅。太方正了反而没有棱角……太方正了你就不会站队，不会拉帮结派，不会[illegible]……太方正了你就会

质真若渝。自己不纯不真实的人，是无法相信大道的纯真的。他们根本不相信世上有纯洁的人。

只能认定你是在装，在故作姿态，在欺骗，否则，不符合他们的成见了吗？

建德若偷。因为真正的德性，高于平均之数，它常常得到高于平均数的回馈，那么低于平均水准的那些人，

是一定不足。

广德若不足。德高望重，则大众期待你的道德，期望值自然升高了、大了，你的德行总显得不足了。这不是不足，而

是[illegible]于自以为[illegible]的人。

大白若辱。明亮的阳光反而使某些人看到了你的污垢处，因为你不肯遮掩，不在乎表面，不避讳所涉入，则或全

就是对于清白的人的侮辱与威胁，是对于世俗的挑战与蔑视，你在以此[illegible]俗世。

# 王蒙评说《道德经》系列

八八

八七

上德若谷。上品的道德好像虚谷，因为不争，因为无名，因为[illegible]，大度大器，容这[illegible]

[illegible]

[illegible]大道不是本领，是态度。

[illegible]

[illegible]

众人有所要求的是[illegible]

明道若昧。[illegible]众人有时要求的是面对现时的非此即彼的公正，大道给予的[illegible]

[illegible]

偷（窃）、渝（变）、辱（污）[illegible]

[illegible]昧（暗）、退（后）、颣（曲折）、谷（低洼）

[illegible]

老子在这一章里实际上发了牢骚，讲了许多反话，他后来也说，正言若反。但是此章的最后他忍不住了，他说了一句『夫惟道，善贷且成』，有了这一句，前面说的若存若亡、大笑之、若昧、若退、若颣、若谷、若辱、若不足、若偷、若渝、无隅、晚成、希声、无形、隐、无名共十六个贬义命题，全不算贬义了。不但不是贬义，而且是高深玄妙的无限赞颂了。

这也是老子的将欲颂之、必固贬之吧！达十六款的牢骚发足了，道，老子必然能以此翻身，胸有成竹，流芳百世。

## 第四十二章 一生二、三

道生一，一生二，二生三，三生万物。万物负阴而抱阳，冲气以为和。

人之所恶，惟孤、寡、不谷，而王公以为称，故物或损之而益，或益之而损。

人之所教，我亦教之，强梁者，不得其死。吾将以为教父。

大道具有唯一性，这个唯一性将渐渐被认识与体现出来，故称道生一。唯一之中产生了或分裂成了对立面，成为二。二者互相斗争互相结合，产生了下一代的第三样事物。从此万象万物源源不绝，万物背负阴气，拥抱阳气，而通过阴阳两气的作用，以求达到和谐。

人们不喜欢的是孤单、寡独和不完善，但王公大人是这样自称的。这说明，天下事物，你有时好像是在毁损它，反而使它得到益处。有时是增益它，反而使它得到毁损。

人们都在教导着人，都在那里说什么是人们应该喜爱的，什么是人们应该避开的。那么我也要告诉旁人，我要教导旁人：强梁霸道的人是不得善终的，这是一切教导的第一课。

这一章的道、一、二、三的说法极有意义。道就是一，为什么还要说道生一？道的概念在前，道的存在在前，道中产生了万物与万象。物象多种多样，多种多样的物象却具有统一性、完整性、整合性、相同的道性。道与一之间是有一个多字存在的，没有多也就没有一的命名，没有对于多的感受也就没有对于一的寻找。正如此前讲过的，有无相生，难易相成，长短相形，高下相倾……多与一也是相生相形相通的。

一生二，就是从整体中产生了相反相成的对立的两方面事物与概念，有无、阴阳、乾坤、天地是也，这两方面相交、相和、相激荡、相补充，便产生了第三个极点——人，或说对立的两方面交互作用的结果产生了第三个方面，产生了两方面交合所生的第三方面，第二代的新事物的代表。

于是，万物万象源源不绝，生而不绝，灭而不绝，一而多，多而一，万象归一，九九归一，大道永远。

这些数字的概念对于中国人来说，其重要性是明显的。一是唯一，是大道，是起源与归宿、本质与本性。二是对立的两面，是斗争的必要性的依据。所以毛泽东特别强调这个二，强调蒋某人要搞天无二日，而毛偏偏要给出来第二个太阳，强调一分为二。这与一生二的说法还不完全一样。因为一生二，是从一中分离出或派生出互相对立而又依赖互补的两个方面，原来的一可能仍然存在，仍然主导着统一着二。而一分为二，是指一分裂成了互相对立乃至不共戴天的二，有了二以后，一已经不复存在。他强调的是斗争，老子强调的则既是斗争更是统一和谐。

改革开放以来，哲学家庞朴提倡一分为三，即对立的两方面斗争的结果应该是第三个方面，新的方面，用王蒙的话来说是新一代的方面出现。庞朴说，比如，我们讲一抓就死，一放就乱，那么能不能出现第三种状态呢，即能不能出现一种不死也不乱的新的体制或工作程序呢？

承认第三种情势、第三个方面出现的可能性与必要性，这是一个巨大的飞跃。而死守一分为二，会使自己陷入翻烙饼、荡秋千的左右摇摆。例如所谓『文艺战线上的反倾向斗争』，就长期以来摆脱不了左了右了的恶性循环，耗费了多少精力，伤害了多少作家……直到第三个方面例如人民的文化需要与文化产业文化市场、国家的文化服务与文化战略的出现。

我尊重一，并警惕一的僵局僵硬。我懂得二，并迎接二的挑战，琢磨二的协调的可能性。我欢迎三，并注意三渐渐成了一以后还有一、二、三的分化与万物杂多共生，情势会愈来愈复杂化。

至于孤寡不谷等，有说是自二十九章（错讹）移入的，有重复，但用词不尽相同。《老子》虽然用字简古，仍然有它的强调与重复，叫做不厌其烦。这里突然用极强有力的口气大贬了一回强梁，恐怕也是有感而发吧。不论是政治上、社会里、思想界与文艺圈子里，以强梁自命，以强梁的姿态扣帽子打棍子划圈子、斗红了眼的变态心理，自古已有之，而且是被老子深恶痛绝的。

『强梁者，不得其死』，这句话老子讲得有力度、很重、很直白、很露骨也很强烈，不像他的别的话那么抽象玄妙，这话像是诅咒。我估计，老子对于强梁者深有体会，深感愤怒。数千年后的我与老子有同感。

还有几句话留下了解读讨论的空间。万物负阴而抱阳，或解释为背对阴，面对阳，或解释为载负着阴、怀抱着阳，不论怎样解释，都是讲万物皆有阴阳的两个方面，都是又背又抱。冲气以为和，这里有一个古人的对于物质与精神、现象与本质的观念。内练一口气，外练筋骨皮。气是内功，是对于身体——物质的统领。国人自古崇拜气的概念，推崇气功。这里的气，似指一件具体事物或人物的精神——物质——本质。古人不知道元素周期律与化学变化、物理变化的原理，又无法从单纯物质的状况解释万物的各种变化，便设想为气，气是无影无形的，变化起来更加得心应手。气与气相交合，比物与物相交合更易理解。所以当道生一、一生二、二生三、三生到万物，就要讨论这万物交合变化是怎么样发生的了。

气也是老子以及古代国人的一个概括万物的假设假说。或者可以解释为道是一；阴阳，就是一生了二；冲气以为和，阴阳和，就是三气了，也就是二生了三了。从气的观念中我们可以看到先贤对于概括世界所付出的努力。

怎么又引出了侯王自身的谦称来了呢？或许是谈到万物，老子觉得应该为侯王在万物中的地位作一个阐发。越是侯王，越要称号人之所恶。

其实，这方面，称谓、自称能够起的作用很小，『文革』中把各群众组织头头称为勤务员，这并不妨碍勤务员们发展自己的政治野心与拔高自身地位的欲望。如果孤呀寡呀不好听，但当它们变成侯王的代号的时候，它的含义与褒贬也就变化了。

增益与毁损的问题也是同样的。损之而益，益之而损，这样的事例无数，例如父母之与子女，溺爱贴补，适成其害。

有关人士的严格要求与批评责备，才是真正的增而益之。特别是言论，天花乱坠地为自己添彩的结果往往是降低自己的威望；而实事求是地自我批评，表面上看是损害了自己，其实是增益了自己的影响。不难明白。

## 第四十三章　无有入无间

天下之至柔，驰骋天下之至坚。无有入无间。吾是以知无为之有益。不言之教，无为之益天下希及之。

天下最柔弱的东西，能够进入、自行运转、左右与带动世上最坚硬强固的东西。没有存在的痕迹，无形无声的东西，能够进入细密无间、绝无空隙的东西而发挥自己的作用。

从中，我们可以知道，无为的作用与好处，不说话不立言的作用与好处，真是别的一切实有的东西所难以比拟的呀。

这一章非常有名，其中关于无有入无间的说法，会立刻让人想到原子、分子、粒子、中子、质子、电子、夸克、放射线、同位素、电磁波、B超、CT……想到高能物理、微观世界，想到发电、无线电、核能、信息、纳米等工业技术。虽然，我们知道《老子》中的科学幻想因素绝无仅有，但是老子的想象力与这种想象力暗合物理世界的结构与原理，着实令人惊叹。

这一章也许还能令人想起著名的港片《无间道》。无间是一个有魅力的哲学——佛学——带有神秘色彩的名词，它是老子最先使用的。佛学里的无间，则不仅讲空间上的没有间隙，更强调时间上的没有间断，没有间歇。佛学上讲

无间还是地狱的别名。老子这里则只是讲没有间隙，没有间隙却仍然能打进去、走进去、影响进去，靠的是无有，因为没有间隙，任何有是进不去的。

在这里无其实是一种有的形式，它可以无影无形无声无重量，然而正因如此它才能无坚不摧，攻无不克，无不可入。这像是讲神力，然而老子与孔子一样是不讲什么怪力乱神的，后面(第六十章)有一处讲到的是其鬼不神，以不神为好事。那么老子是讲热能、电能、中子、核子吗？老子那时肯定没有这样的知识与想象，然而他相信世上有一种叫做无有之有，可以入无间。其实按现代物理学讲，所有的物质都有间隙。

老子的设想不是物理学的而是哲学的，哲学可以超前地向物理学的新发现新理论靠拢。老子有一种想象，有一种理念，叫做以弱胜强、以虚胜实、以无胜有、以智胜力、四两拨千斤、借力打力、克敌于无形、胜敌于不知不觉中、不战而胜。这是在中国非常流行的想法，我觉得这与中国的弱者太多有关。它虽然未必很有操作性，未必有很多成功的事例作佐证，但很美好，很理想，也很哲学。太极拳的思路可能与此有关，内功、气功的思路也与此有关。

我们设想的最高级的打斗功夫是一个瘦弱的老头，在那儿半卧半坐，眼皮也不抬，不动声色，基本不动或微微一动，来攻的敌人就趴下了，被制伏了，被灭掉了。

这类想法带有一种绝妙性、神奇性乃至是神秘性，却确有几分天真，用老子的褒扬之语说，这是一种婴儿式的美丽幻想。用今天的不敬之语说，就是有点小儿科。在这种小儿科式的幻想中，出现过迷信与愚昧，例如义和团的以功

夫胜洋人的空想。

当然它也有某些道理：柔而胜坚，弱而胜强，小而胜大，无而胜有，这样的绝妙事例并非不存在，问题在于，这并不是常规常道。

这样的模式我们可以设想或联想一下以下几种比较好的情况：一个是希图以我们的精神文化战胜西洋的坚船利炮，以中华的精神文明战胜西洋的物质文明。这在清末与民初，曾经被一些人所幻想。然而，失败了。

一个是以全新意识形态，战胜已显古老与庸俗的西洋的意识形态。毛泽东在解放初期就曾经论述，一个中国的普通工人农民，由于掌握了全新的意识形态，在认识世界与历史方面，远比一个西方大人物高明。后来，中国还有所谓『精神原子弹』的说法。『文革』则更将意识形态的作用夸张到了极高境地。

现在也仍然有这种至柔胜至坚、无有入无间的东方式遐想，乌托邦，如某个时期的特异功能热、气功热等。

我们现在喜欢讲的『软实力』，到了国人眼里，也会与老子的哲学联系起来。言语、思想、文化、生活方式，都是天下之至柔，都是上善若水，都是润物细无声的，也都是软实力。

同时我认为，是不是软实力，是不是有实力，关键在于文化的有效性，即一种文化能不能提高它所覆盖的群体的生活质量，能不能有利于它覆盖的群体的生产力的发展与政治、经济、文化社会的进步。

如果能够达到同样的效果，无为当然比有为强得多优越得多，不言当然比有言多言强得多优越得多。至少，无为与不言，为今后的有为与立言留下了足够的空间。无为是保持在欲发未发状态，是一切进入准备，只等一声发令枪响

的状态；是微微一笑将言未言的状态；是重心完全沉稳牢实，平衡完全得当，进可攻退可守，立于不败之地的状态。即使你因为实在需要，『为』了一两下，就像运动员为了回球，不能不移动、闪身、突然发力了，也必须立即无间断无间歇地回到无为状态、准备状态，掌握好重心，做好应对下一个突袭的准备，以迎接下一个挑战。

无有入无间的想法出类拔萃、超凡入圣。我们以著名的法国马其诺防线为例：第一次世界大战后固若金汤的马其诺防线可以说是『无间』的典范，它的防御既没有空隙也没有间歇。但一九四〇年五月，德军攀越阿登山区，经比利时绕过这条防线，很快占领了法国全境。被神话般信奉的马其诺防线最终成了无用的摆设和对战败者的讽刺。无间是可能的，无边无端无终结是不可能的。第二次世界大战开始，德军的无有就是压根没有去进攻去突破马其诺防线。再如我国改造战争罪犯的例子：开始，罪犯的顽强完全『无间』，具有完全的不可入性。这时用暴力或训话是毫无用处的，倒是在其他的不相干的事情上，管教人员的模范的行为可能给罪犯以感动，以无有入了无间。

虽然不无幻想，面对强力，面对无间，知识分子还是愿意相信无有入无间的。知识分子有的其实是无有，即非财产、非权力、非大棒，然而如果你确实接近了大道——真理，你就可能取得一定的成就。而那个无间的力量，如果脱离了大道——真理，就可能最终垮台或变异。

换一个角度想，知识分子不应该满足于自己的无有，他们也应该有一点、多有一点实绩与影响。

## 第四十四章 知止不殆

名与身孰亲？身与货孰多？得与亡孰病？

是故甚爱必大费，多藏必厚亡。

知足不辱，知止不殆，可以长久。

名声、名望、名分与你的自身、你的身家性命相比较，究竟哪个更与你关系亲密、不可须臾分离呢？你的自身、你的身家性命与你的财产、物质拥有相比较，究竟哪个更重要、更占分量呢？有所收益与有所失去、有所损失相比较，究竟哪个会带来后遗症、带来麻烦呢？

所以说，喜好大发了，必然为之付出过多的代价。积攒得大发了，丢失损毁的可能性也随之增大。知道满足的人少一点麻烦与污点，知道适可而止的人不容易马失前蹄。这样的知足知止的人，才能可持续地存在与发展下去。

这一章老子讲得相当恳切，有点掬诚相告、良药苦口、字字到位，但求有益世道人心的样子。

春秋战国是一个群雄并起、百姓涂炭、恶性竞争、机遇与凶险并存、以极端的凶险为主要特色的时代。老子所见所闻，为争名夺利而伤身、而身败名裂、而家破人亡、而被夷九族的事例太多了。在这种情况下他特别注重与人们讨论自我保护的问题，特别注意劝诫人们不要由于贪欲、浅薄与愚蠢，搞一套自找苦吃、自取灭亡的『自毁系统工程』。老子也只能从保住身家性命的常人容易被打动的角度展开论述，以便他的宏伟的道理能够被俗人接受。

然而贪欲的力量是很大的，浅薄的习俗是难以打破的，愚蠢的脑筋是难以扭过来的。而人生又总是离不开欲望，离不开冲一冲、试一试、争取一下的冲动。『文革』当中我在新疆农村，不论是说到『文革』初期一些『当权派』的霉头，还是后来一些『红人』的不良下场，农民纷纷发表感想：那人家也值了，荣华富贵，名誉地位，什么好事都尝过了，即使杀头也是值当的啦。

上述的反应来自底层。而《老子》一书主要针对的是侯王、圣人、君子，大人物们精英们统治者圈子中人。对于他们，他的劝告应该说是诚恳的也是有教益的。甚爱大费，多藏厚亡，这都是经验之谈。用现在的话来说，不管你追求什么，喜好什么，收藏什么，积攒什么，都要自我控制，适可而止，不要失控，不要过分，不要使自己的所好变成自己的敌人。要考虑长久，而不是享受完了等着杀头。这样的道理应属平实，甚至于可以说，卑之无甚高论。

对于老子来说，每个人本来可以过得舒舒服服、自自然然，偏偏由于贪欲，由于一心要『为』要『言』而毁了自己。可以说每个人都像一台电脑，而所有的电脑都有着大道定义的或无劳任何方面定义的而是电脑的『道』先验地决定了的自毁潜程序。平常，这样的程序是处于睡眠状态的，而贪欲是一种木马或蠕虫病毒，这种病毒一侵入，而你又不进行防护扫描杀毒隔离处理，就必然会引起自毁程序的大大激活，会把这台电脑的硬盘软件以及一切辅助设备毁灭。

## 第四十五章　大直若屈

大成若缺，其用不弊。大盈若冲，其用不穷。

大直若屈，大巧若拙，大辩若讷。

躁胜寒，静胜热。清静为天下正。

越是完满的业绩，越是显得有缺陷，然而它的运转与影响是不会衰败的。越是丰赡充实的拥有，越是显得似是空虚，然而它的功能与使用是没结没完的。

越是坚持正直，越显得屈枉软弱。越是做事有智慧，越显得拙笨。越是有口才，越显得结结巴巴。

快步行走可以压一压寒冷，保持平静可以减少暑热。平平淡淡，素素静静，才是天下人的光明正路。

为什么大成若缺？大成，是大业绩。大了就难以绝对完满，更难以评价它是否完满。一件袖珍工艺品，你觉得它美轮美奂、巧夺天工；一条大河的整治，你就永远会觉得它仍有缺陷。一首绝句、俳句，你可以为之如醉如痴、五体投地；一部多卷长篇小说，就必然难调众口，留下或被认为是留下了瑕疵缺憾。教出两个出色的学生来，好办，把一个国家哪怕只是一个省市的教育搞上去，谈何容易？这是

物极必反，你任何事做得太完美了，就会暴露出新的问题新的挑战新的缺失。作品写得太精致了，显得小巧有余，浑厚不足。写得太恣肆了，显得不够精雕细刻。为人太坦直了，难免容易得罪人，得到头脑简单、爱放炮之讥。为人太谦虚了，太克己复礼了，难免与他人难以交心，有城府太深、用心太过之议。做事周到，略似圆滑。勇于负责，显得太爱表现。性情中人，不免有放肆之评。

人无完人，物无完物，事无完功，如民间段子：什么都不干，不够意思；少干一点，意思意思；干得太多，什么意思？这当然是说笑话，要贫嘴，不可当真，但是它的逻辑仍然令人哭笑不得。

其用不弊呢，虽然一个人的大成就更易被指摘，更易被人评头论足，但是这样的成就已经是客观事实，其影响是客观事实，其作用是客观事实，越是有人存心贬损它，你越是拿它没有办法。比如中国的四大名著，哪本书是没有缺憾的？但是四大名著的作用，又哪里是其他小说著作所能比拟的？比如一些历史上起过大作用的政治人物、军事将领，哪个是完美无缺的？但是他们的作用与影响又有几个人可以望其项背？孔林孔庙，在『批林批孔』时遭到劫难，然而如今，『孔子学院』已经林立世界各地。陀思妥耶夫斯基在苏维埃时期受到贬低，连高尔基也大骂之，如今，他的坐像矗立在莫斯科最繁华的大街上。『尔曹身与名俱灭，不废江河万古流。』江河都是大成若缺的，哪条大江大河没有缺失？装在易拉罐里的矿泉水才可能做到质量全优免检，而大江大河存在着，灌溉着、承运着，也养育着从人到鱼到虾到蛤蟆蝌蚪的众多生命。

真正的充实饱学者显得虚空，也是理所当然的事。一瓶子不满半瓶子晃荡的人才会动辄指手画脚、说三道四。经验丰富、学问丰富、见识丰富的人反而显得犹豫慎重，不会轻易臧否，不会对什么人什么事什么观点一棍子打死，不会煽情叫卖，不会转文嚼字、卖弄博学，更不会同行冤家，动辄出手害人出口伤人。而那些吵吵闹闹的家伙，更容易在市场上显露头角。难道不是这样吗？还有饱学之士是从善如流的，他们的心胸头脑里永远留了足够的空间。

真正拥有巨大财富的人不会露富摆阔气。真正有权威的人，不会装腔作势、生怕别人不知道他是个大人物。装腔作势、做大人物状的人，自以为得计，其实是地地道道的出丑。

中国有句俗话值得吟味：名医不谈药，名将不谈兵。什么意思？处方用药，调兵遣将，都是大事，都有很大的责任，都要面对千变万化的不同情况不同需要，是不可以当做儿戏，当做炫耀自己的话柄来轻易张口的。那些动不动给别人提出医疗建议的人与动不动评论战事的人，多半不是医生也不是将领，而是轻薄的卖弄者。

物件何尝不是如此？装满了反而没有什么响动了。

然而这样的大盈，是不会用之而穷尽的。

至于大直若屈、大巧若拙、大辩若讷，这三个命题分量极重，凝结着的经验与思考极其丰富。

为什么大直若屈？第一，老子心目中的直、直道、正直与耿直，与俗人庸人心目中的直，不可能完全重叠。我们说群众的眼睛是雪亮的，那是从长远、从根本上来说，是一个历史性、战略性的判断。也就是说，民心如天心，民意乃天意，民口如河川，民怨如火，都是为政者、有学问的人、有志者必须倾听、顺应、努力满足、努力照办的，而切不可与人民的意愿对着干。

然而，具体化了，人众所谓的直，可能是简单化、黑白分明化，有时候是煽情化、激进化、极端化的，也有时候是浅见化、鼠目寸光化的。而在不顺利的情况下又是极其胆小怕事，不敢承当的。而老子所提倡所追求的直，其第一位的要求、第一位的标准，是符合大道，是符合事实，是勇于承当，是高度负责任，有时候是忍辱负重、独立承担、勇下地狱、勇背十字架，而又绝不可以自我发布、哗众取宠，不可以大言欺世、自我表现的。



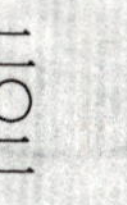

其次，世界是多样的，叫做杂多的，此亦一是非，彼亦一是非，唯之与阿，相去几何？老子是提倡无为的，无为的直是什么意思呢？通俗地说，就是对于小是小非不费心思，听其自然，绝不越俎代庖，接受世界的多样性与自为性，承认一切人为的局限性，而把心思用在大道上，以一种新思路对待人间的林林总总。这样的直又怎么样与无能、无责任感、无所谓的正义感区分开来呢？这并非一句话就能说得清楚。这不是大直若屈又是什么呢？

而且客观事物是时时变化的，我们的认识如果不能与时俱进，那么，原来的直，也会变成害人不浅的教条，变成老朽昏庸，变成祸国殃民。而与时俱进的认识，又怎么可能不被一些头脑简单而又情绪激动的人视为屈枉，视为过于聪明——一味委曲求全呢？

老子此前已经论述了曲则直的命题。大直当然就是屈了。

或者从数学上来体会，最大的直线，从极限的观点来看，与曲线是没有区别的。

大巧呢？首先，从构词上我们就可以看出，人们承认的只有小巧，没有大巧。小巧玲珑，大家都知道此词，谁知道个大巧？既然小巧是玲珑，大巧就只能是笨拙了。

大巧通的是大道，是与慎重、谦卑、低调联系在一起的。当然不像小巧那样玲珑剔透闪闪发光，不像小巧那样技术化、绝活化。有多少小巧之人遇到大事反而不知进退，不知取舍，不知先后，不知道如何选择决定。特别在文艺生活中，又有多少小巧末技被哄抬成绝世珍品啊。

小巧易赏心悦目，大巧难把玩流连。

大巧如拙是不容易做到的，大巧被误会成为小巧，却是常常发生的。第一，世上有许多小巧之人，很少大巧之士。第二，世上有更多的笨人、愚而诈之人，却自以为巧，自命甚巧，到处显摆自己之巧。他们心目中的最大的巧，也不过是争名争利的小巧。他们最多只能做到用小巧的底色去判别大巧，去理解大巧。

大巧是什么？大巧就是大道之巧用巧为，玄而又玄，众妙之门；无为而无不为，不言之教；不争，故莫能与之争；后其身而身先，外其身而身存；似冲，用之不盈；虚而不屈，动而愈出。有几个人能做到这样的理想境界、理想的大巧呢？能做到了，又如何能不被认为是拙笨，或者最多是小巧，是聪明或者太过聪明呢？

大辩是什么？雄辩，说服力，掌握了真理的自信和沉着，言语的丰赡与气象，等等。那么，这种大辩与所谓名嘴的巧言令色就根本不同，与辩论会上的滔滔不绝根本不同，与『脱口秀』的表演耍弄嘴皮子根本不同。

大辩者慎言。因为老子提倡的是不言之教，沉默是金。不到最最需要的时候，不要说太多的话。老子相信大道无处不在无时不灵，违反大道的人，自然要受到教训，受到惩罚，不需要外人的过多言语。

其次，即使说了辩了，也是借力打力，四两拨千斤，点到为止，绝不声嘶力竭、面红耳赤，动不动告急，动不动上书，动不动呼冤，动不动气急败坏，动不动怨天尤人。

大辩者说起话来其实是有一种心痛感的，他们说话是不得已。有许多本来是常识的东西，有许多已经多次证明过的东西，有许多世人国人古人今人多次触过霉头的东西，居然还在争论，还在闹哄，还在嘀嘀咕咕，磨磨唧唧，还需要从

头说起，还需要苦口婆心，还需要论证煤球是黑的雪花是白的，面粉同样也是白的，还有雪花虽然与面粉一样白，但是仍然不能将雪花与面粉混淆起来。呜呼哀哉！本来我们可以把精力财力思考时间与辩才用到多少更需要用的地方！

若缺、若冲、若屈、若拙、若讷，也可以从反面想一想。大成若缺，如果此命题能够成立，那么大缺会不会若成（一个人格有重大缺陷的人偏偏摆出了完美无缺的圣人模样）？大冲会不会若盈（一个草包偏偏被认做智多星）？大屈会不会若直（一个心怀叵测的人偏偏扮演了时代的良心）？大拙会不会若巧（拿肉麻当有趣，拿粗鲁当亲切）？大讷会不会变成大辩（只要有足够的炒作和背景光环）？

我们还可以进一步拷问：大成了，太成功太完美了，会不会就硬是成了缺失了呢？大盈了，太满足了，会不会就硬是成了空洞虚无了呢？大直，太正义的化身了，会不会本身已经是走向了反面，变成了牛皮冒泡夸张虚枉轻举妄动了呢？大巧了，太巧得神奇了，会不会正是走向了邪路，走火入魔，变成了自取灭亡的笨蛋呢？大辩了，所向无敌了，口若悬河了，这就更危险。成也大辩，毁也大辩，辩说的天才很少有不毁在辩才上的。

要警惕呀。

大直若屈，大巧若拙，大辩若讷，老子的总结里是有沉痛、有阅历、有深思也有无奈在其中。人们，老子是爱你们的，他的见解对咱们的好处极大，他的见解为什么就不能被正确地理解与汲取呢？

至于躁胜寒等云云，许多专家解释为疾走可以战胜寒冷，安静又可以战胜暑热（热昏？）。还有的解释是炉火胜寒，冷水胜热。对此我无话可评，无能力鉴别。

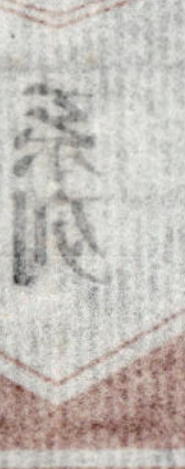

但是我更有兴趣的是此章中，老子讲了那么多品质的向相反方面转化的可能性乃至必然性，怎么最后讲起寒热的热学问题来了？本章的内在逻辑何在？

这一段与后面的话的逻辑清晰，后面的话是『清静为天下正』，说明这里老子提倡和师法的是一个东西，是清静，而不是躁，不是疾走也不是火炉。

那么为什么先是说躁胜寒呢？这正是以退为进，将欲取之、必先与之。躁可以胜寒，火炉可以御寒，有可以胜无，皮袄在过冬时可以胜过单衣。但是最终，静、清静、无为、不言才是大道，才是正理。大成、大盈、大直、大巧、大辩虽然都是有用的、好的，其用不弊、其用不穷的，是能胜寒、胜贫乏、胜凄凉、胜愚蠢的，但是，它们其实也常常与缺失、空虚、屈枉、笨拙、无言可对被混同，被误解。它们也可能变得过热，变成热昏，所以最终还要被清静无为所统率。

这样说，成乎缺乎，盈乎冲乎，直乎屈乎，巧乎拙乎，辩乎讷乎，反而不需要那么严格计较了。

至于这样说是否太消极了一点，那就是另外的话题了。

## 第四十六章　却走马以粪

天下有道，却走马以粪。天下无道，戎马生于郊。祸莫大于不知足，咎莫大于欲得。故知足之足，常足矣。

天下走上了正道，战争自然不再需要，战马回到田里耕作去了。天下背离了正道，到处都是战马。

最大的祸害是不知足，最大的错误是贪得无厌。所以说，知足的那种满足，才是永远的不可剥夺的满足呢。

一般人认为，这一章表现了老子的反战思想，他希望天下有道，军马拉到乡下种田，而不要把军马闹得遍野遍郊，也有一种解释是说不要闹得在军旅中生养战马。

这样解释似乎掌握不了全文，难道讲知足常乐的一段也是讲反战吗？难道是说不知足就会开战吗？如果是讲反战，老子的反战争论是不是太浅显化、幼稚化了呢？

我无意在这里讨论猜测老子的原意，而只是发表我自己愿意选择一种什么样的整体的贯穿的再前进一步的理解。

我不认为老子在这里讲述的含意仅仅是关于战争与战马。这里的走马、戎马是一个符号，其本身是很有思考意义的比喻，正如前边讲过的橐龠、水、白与黑、飘风、骤雨、谿谷、结绳、闭关等一样。

天下无道，按旧时国人的观点，正是乱世英雄起四方的年代。而旧时的英雄，按封建社会的理解正是那些『彼可取而代之』『大丈夫应如是』（以上两句话出自《史记》中记述的项羽与刘邦，他们二人看到秦始皇出巡的场面便有了如上的反应）式的争权夺利的野心家。这样的英雄越多越说明那时的百姓如鲁迅所说，『是欲安稳地做奴隶而不可得』。几个野心家杀得尸横遍野，血流成河，赤地千里，民不聊生。我写的一篇关于《三国演义》电视剧的文章，在被一家杂志转载时，文题被更改为《英雄多，人民苦》，虽说是直白了些，倒也值得一嗟一叹。

是故我宁愿理解此章所说的戎马是讲了这种乱世英雄，讲的是野心家，讲的是小百姓为英雄豪杰们的事迹付出了

## 第四十六章 [illegible]

天下有道，却走马以粪。天下无道，戎马生于郊。

祸莫大于不知足，咎莫大于欲得。故知足之足，常足矣。

什么样的代价。天下有道，这样的英雄豪杰不如去耕田种豆发展生产，享受太平，他们的野心则只是粪土垃圾，只是黄粱一梦。天下无道，他们来劲了，骑上高头大马，厮杀得天昏地暗。他们胜利或者灭亡，胜者王侯败者寇了，如雷贯耳或者如日中天了，小百姓只好无奈地为他们埋单。

所以老子要问，人为什么要有取天下的野心呢？天下是不可以由人力来取来争夺的。老子在那个厮杀得眼红的时代想奉劝人们冷静一下，为弱者小民们考虑一下，然而，这又怎么可能有效果呢？

老子也是知其不可而为之，知其不可而言之。至少老子留下著作，留下了论述，留下了思想。思想是美丽的，思想是有益处的，思想是高明的。保留一个思想与现实的差距，保留一个思想的超前性，独特性与奥秘性，这正是人生的一道风景，是大道的一道风景，是哲人智者的一个活下去的理由：如果没有老子这样的哲人智者，我们将缺少多少思辨与心智的光彩，多少思辨与心智的享受！

战马嘶鸣，追风逐电，战场厮杀，英勇顽强，是一道美丽的风景，其代价有时是百姓的活不下去，其收获也可能是巨大的功业。马放南山，铸剑为犁，英雄们变成了平民，将军们也过起了平常人的日子。失去了不少浪漫与豪情，增加了老百姓的休养生息即喘息的可能。老子告诉我们这样一个悖论。

你希望却走马以粪，还是戎马生于郊呢？

那就得常足于知足了。人们什么时候能够做得到呢？王小波生前写过一些文字，他倾向于批评一些人的『瞎浪漫』。

如果不瞎浪漫了，是不是能够减祸少咎，少一点纷争呢？

事情当然没有这样简单，有时候你觉得吉凶生死和战取决于一念之差。对于一个人来说，是一念之差；对于一邦一国，对于天下来说，这么多一念之差，就需要从更纵深的思路上去研究原因了。你知足了你不去侵略了，你被侵略了怎么办？你知足了，内外都想停战修好了，对方刚好打出兴头来了，叫做『树欲静而风不止』怎么办？

还是马克思讲得更有道理，人怎么样生活便怎样思想。表面上看念头呀知足不知足呀决定一切，实际上是阶级的归属、集团的利益、经济的基础、社会发展的要求与民族地域文化的传统决定着一个人与一切人的念头与是否知足。

几千年来，国人一而再再而三地在念头上下工夫，越下，念头越复杂混乱，污漆墨黑了，吁戏！

## 第四十七章 不行而知

不出户，知天下；不窥牖，见天道。

其出弥远，其知弥少。

是以圣人不行而知，不见而明，不为而成。

足不出户，可以了解天下大事。不往窗外观看，却可以交通天道正理，了解大千世界的规律。

你跑得越远，你得到的知识越少。

所以圣人，不外出不行走而具有真知灼见，不到处窥望而心明眼亮，不刻意去做什么却能完成自己的心愿。

这一章似乎有点过分，与读万卷书行万里路的古训唱反调，而且与唯物论的实践论截然对立，甚至可以说这是违

[illegible]

不出户，知天下；不窥牖，见天道。

其出弥远，其知弥少。

是以圣人不行而知，不见而名，不为而成。

## 第四十七章 不行而知

几十年来，国人一面[illegible]

[illegible]

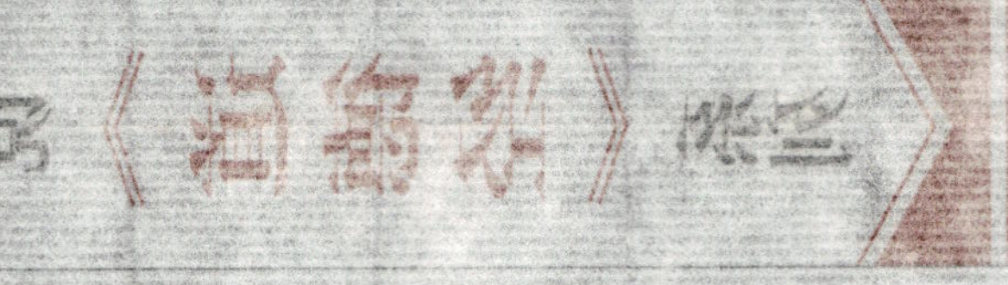

[illegible]

背常识的。一个人，拒绝行为实践，拒绝获取新的信息，他哪儿来的真知灼见呢？

然而这并不仅仅是一个理论的逻辑论证的命题，这可以说是一个经验的命题。请问，中国历史上的那些被认为有大作为者，有几个是读万卷书行万里路的？有几个是学贯中西、识通古今的？秦始皇、汉高祖、唐太宗、明太祖、清太祖……哪一个是读过万卷书行过万里路的呢？

唐诗曰：『刘项原来不读书。』扬州有名联曰：『从来文士多耽酒，自古英雄不读书。』毛泽东有言：『书读得越多越蠢。』

胡适行过万里路，他要的是全盘西化美国化，可惜他做不到。王明等也行过万里路，读过列宁的原文书，当过『百分之百』的布尔什维克，他从书与路中得到的是全盘苏化俄化的启发，也行不通。他们岂不就是『其出弥远，其知弥少』吗？

有时候真理并非远在天边，真理更多时候就在你的脚下。与其行到山穷水尽处，看到天边的地平线目力不达处，读罢各种古书洋书稀缺之书，不如弄清你脚下的这块土地，弄清你身旁的这点世态人情，怀抱一个普通善良之心，做一些力所能及、识所能及之事。起码这对于多数既非刘邦也非朱元璋者，是更加切实的忠告。

中国(其实不仅是中国，想想当代世界各国的选举结果，你应该变得更清醒些)历史人物当中，常常是土的胜过洋的，书读得少的胜过书读得多的，个人条件一般的胜过个人条件超常的，凡人胜过才子，庶民胜过巨擘。你可以痛惜痛骂痛哭，然而你不能不承认这个事实。

关键在于脚下的土地。远在天边，近在眼前，踏破铁鞋无觅处，得来全不费工夫。望尽天涯路后，猛回头，就在灯火阑珊处。

即使是非同一般的人物，如毛泽东，他也是靠实事求是吃饭，靠立足本土做事，靠因应变局处理政务。他说，什么是政治？就是团结的人越多越好，树敌的人越少越好。什么叫军事？打得赢就打，打不赢就走。他批评『左倾』机会主义者主要是不知道人要吃饭、行军要走路、打仗会死人。而毛泽东恰恰是在晚年，来了个鲲鹏展翅，来了个高空立论，来了个只争朝夕，才犯下了错误的。

老子要说的是，真理是朴素的，真理是单纯的，真理道德要符合常识。真理并不忽悠人，不应该使人头晕目眩。真理应该回到常识，回到单纯，回到善良，回到简朴，回到自然而然的状态。普通人要有自信，要相信常识，不要被唬住吓住忽悠住，不要动辄被迷惑随声附和。不要唯上唯书唯名词唯大帽子唯西洋景，只能唯实。

他的用意十分深刻，虽然未必能概括全部真理的特性，却是黄金之论，精彩之论，又确实是惊人之论。

今天的时代与古代已经有了巨大的分别，一方面不出户而知天下的条件比过去不知方便了多少，有媒体，有信息，有互联网。另一方面，天下已经全球化了，已经不是那时的天下的含义，同时扩大了的天下作为认知对象却又缩小了不知凡几，叫做人人得知天下，人人必知天下。天下与一个个个体的『户』的隔膜正在减少，研究脚下的土地与研究天下已经无法分割。

同时，足不出户是一个遗憾；不读书是一个遗憾，不窥牖即不看窗外事是一个遗憾；没有一个遥远的参照，遥远

的思念是一个遗憾；一种道理讲得极深极到位，同时讲得太过分太以偏概全，也是遗憾。学而时习之则可，照章办事则不可也。

## 第四十八章　为道日损

为学日益，为道日损。损之又损，以至于无为。无为而无不为。取天下常以无事，及其有事，不足以取天下。

学习讲的是增益，是用加法积累知识。而学习掌握与身体力行大道，则要用减法，减了再减，更减，一直减到能够做到无为的程度。

无为的结果是无不为，无为的结果是一切自然运作成长成熟成功。夺取与治理天下，靠的是不生事，不多事，不没事找事。及至事务事宜事端到堆得化不开的程度了，你也就治不好天下乃至得不到天下了。

对于我来说，这一章的精华是讲这个减法。人生常常喜欢加法，追求加法，然而，有些时候减法比加法更加英明更加智慧，更加必要，更加有益。理想却更难做到。人的一生，是创造和获取，累积和发展知识、能力、经验、财富、地位、成绩、事功、威信和影响的过程，是做加法的过程，但也同样是做减法的过程：减少幼稚，减少贪欲，减少妄想，减少斤斤计较，减少不切实际，减少吹牛冒泡，减少大话弥天。

人随着自己的成熟与长进，需要做减法的越来越多：要减少偏见，减少思维定式，减少夜郎自大，减少自我中心，







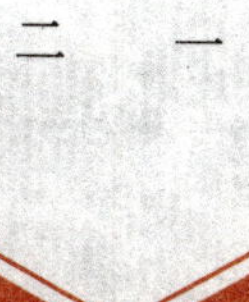

减少吹吹拍拍的朋友，减少山头宗派意识，减少好勇斗狠，减少显摆风头，减少跑关系走后门，减少本本主义、教条主义，减少装腔作势，借以吓人，减少一切浮华、虚夸、浮躁、盛气凌人、哗众取宠、夸夸其谈、低级趣味……该减少的东西还多着呢。减少意气用事，减少咋咋呼呼，减少玩物丧志，减少好高骛远，减少嘀嘀咕咕，减少牢骚焦虑，减少不必要的斗心眼、要计谋。总之是戒贪、戒气、戒一切不良的低下的思虑。

想想人要做这么多减法，你不能不叹息人性的险恶。想想你减掉了许多歪门邪道愚蠢蛮横自讨苦吃以后，一个简简单单的你反而更接近大道，你又不得不赞美人性的本初。

没有减法就没有大道。做人、做事、做文、施政，都要减了又减：小政府大社会，以一当十，市场配置要素，求真务实，不说空话，言简意赅，少说多干。减成无为了，再也不做任何无聊的、不智的、不良的、不好看的与无效的事情了，你当然高于一般人一大截子。你至少会高雅一些、从容一些、沉稳一些，于是，各种有意义的事情、合乎大道的事情也就做好了。这是何等理想的境界啊。

而那种整天无事生非的人呢？整天告急的人呢？整天搜集别人骂了自己什么的人呢？整天要求别人承认自己正确的人呢？他的是非事务事端已经浓得化不开了，已经结了石了，已经堵死一切通道了，他还能取天下？一个弼马温或避（辟）马瘟已经把他搅昏了头，休矣，及其有事，不足以取任何了，他只能一事无成，一无可取。

人性是有各种弱点的，其中之一就是喜加厌减，嫌减爱加。小到一个家、一处住宅，添置的东西远远超过了实际的需要，却就是不肯做减法，弄得自家混乱肮脏，这种生活中的例子太常见了。

有一些俚语也是讲滥用加法、不会减法的可笑，如画蛇添足、越描越黑、弄巧成拙、越帮越忙、废话连篇、自找苦吃，等等。

让我们从时间与效率的角度，再来想一想为道日损的命题吧。生也有涯，知也无涯，事也无涯。如果只知道为学日益，你最多变成一个书橱，仍然赶不上一张刻有大百科全书的光盘。你又常常被各种无聊的、纯消耗性的、无趣的滥事所纠缠干扰。你的一生，究竟能拿出百分之几十的精力智力来从事你的视为主要的正经事呢？不放弃一些无聊琐事，你的人生还有希望吗？为什么有些老人显得更平和也更雍容、更沉着也更智慧，这与他们的为道日损、以至于无为是分不开的，与他们有所放弃、有所不理睬是分不开的。

为道日损，是一个警句，是一个亮点，是一个智者的微笑，是一个高峰。

## 第四十九章　以百姓心为心

圣人常无心，以百姓心为心。善者，吾善之；不善者，吾亦善之；德善。信者，吾信之；不信者，吾亦信之；德信。

圣人在天下，歙歙焉，为天下浑其心，百姓皆注其耳目，圣人皆孩之。

圣人常常是没有自己的见解与心愿的，他们只是以百姓的见解与心愿作为自己的见解与心愿。对于善良的人，需要善待他们；对于不怎么善良的人，同样需要善待他们，这样，就可以获得善良的结果了。对于讲诚信的人，需要讲诚信；对于不怎么讲诚信的人，同样要以诚信待之，这样，就能树立诚信的风气了。

圣人活在世上，小心翼翼的，为了天下而聚拢自己的心思（聚精会神），百姓们是十分在意圣人的一举一动一言一行的。圣人就像对待孩子一样地对待百姓。

这一章马上让人想起中国共产党的宣示：中国共产党没有属于自己的特殊利益，而是以中国人民的利益为最高利益。

这当然是理想的统治执政。以百姓之心为心，何等好啊，做起来并非易事。原因在于百姓之心并不是明明白白地摆在那里的。百姓要求的，圣人可能以为那只是眼前利益，并不符合长远利益。这部分百姓要求的与另一部分百姓要求的可能恰恰针锋相对。还有一些百姓之心，可能被某些圣人认为是另外的伪圣人误导、煽动的结果。而另一部分圣人，可能认为这一部分圣人才是伪圣人。仅仅为一个什么是百姓之心，就够圣人们与百姓们闹个够，也许还会为这个百姓之心的定义问题杀个血流成河也说不定。

而且不能不说，圣人也是人，也可能有偏差与私心，也可能有贪欲、偏颇、发烧、糊涂……怎么样才能保证圣人真的无心，真的永远以百姓之心为心呢？这就不是理论理想愿望能解决的了。

善者善之，不善者亦善之。信者信之，不信者亦信之，这更难，也更重要。原因是人们在相互的关系中，常常会『以其人之道，还治其人之身』，常常是以眼还眼以牙还牙，常常是越斗争越趋同：你既然对我不仁，就莫要怨我对你不义；你对我乱咬，就莫要怨我对你下嘴；你对我上纲上线，我岂能任人宰割？我也要把帽子棍子还击回去；你投来鸡毛，我还回去蒜皮；你投来毒箭，我射过去药矢；你对我无中生有，我对你信口开河……这样，一个污点就会染黑一片，

一个野蛮就会恶化全局，一个凶恶就会改变整体气氛。

我一生中提倡用光明正大回应阴谋诡计，用与人为善对待无端的敌意，用积极投身本职本业务来回答自己干不了也不让别人干的职业骚扰、学术骚扰、创造骚扰。还要用心平气和回应气急败坏，用宁可教天下人负我，同时努力不要负一个人的姿态与目标，回应自我中心与心怀叵测……也是这个意思。当然，有时候也会碰到以恶对恶的局面乃至必要性，说实话，那是万不得已，偶一为之，浅尝辄止，见好就收，不足为训。但是总还是要避免以暴易暴，以穷极对无聊，以小心眼对心眼小，以帽子对棍子，以嘟嘟囔囔对啰啰嗦嗦。

以善来求善，以信来求信，以善应对不善，以诚信应对猜测与欺骗，这很难，并非事事成功。

但是我的经验，这样做的结果，化敌为友，化小气为大度，化意气之争为君子之争的成功率当在百分之十以上，最高可以达到七分之一——百分之十四强。一时没有达到也还可以等待。

不这样，与对方趋同，与对方一样没劲，与对方两败俱伤的机会则是七分之五——百分之七十强，即使你确实更占理。

公道自在人心，人心总会有一杆秤，恶人的果实必然是孤家寡人，叫做鬼影子都见不着。而善良与诚信的果实是友谊长存，信任长存，形象长存。如果认为可以以恶来求善，以阴谋求诚信，以出气求摆平，那就更是绝无可能。

有个小问题。另一种版本叫做圣人无常心。不是说无心，而是说有心而不固定、不恒久。有的学者将之改为常无心，这也许是改得好的，易解了。有的版本作恒无心，也行。常无心，是说圣人常无先人之见，一切听百姓的听民意的。

无常心呢，则是说圣人的心并非僵化与一成不变，要随时按照百姓的意愿调整充实自己的心——执政目标与执政理念。都可以，都好，没有大矛盾，相通。

不仅《老子》，中国的许多古籍，都有这种文字上的疑问，有些专家为此付出了大量精力考据立论，叫做聚讼纷纭。其实多义性与可更易性也是趣味，也是空间，不妨多元一下包容一下试试。多假设几种可能，姑妄解之，看看古人的议论抒情能有几种解法、表达法，能在哪些方面给今人以不同的启发。这不也是读书尤其是读古书的一乐吗？

## 第五十章　善摄生者

出生入死。生之徒，十有三；死之徒，十有三；人之生生，动之于死地，亦十有三。

夫何故？以其生生之厚。

盖闻善摄生者，陆行不遇兕虎，入军不被甲兵。兕无所投其角，虎无所用其爪，兵无所容其刃。

夫何故？以其无死地。

人的出生，也就是走向死亡。生的因素，在人的一生中，占有三成。死亡的因素，在人的一生中，占有三成。想让自己生活得好，却走向了死地的因素，这样的事，在人的一生中也占有了三成。

为什么想生活得好却走向了死地呢？因为有的人太过于照顾自己的生存，太重视太优待自己了。

据说善于养生的人，走在路上不会碰到犀牛与老虎，进入军事行动中不会遭遇兵器与攻击，犀牛没有地方撞它的

犄角，老虎没有地方抓它的利爪，敌兵没有地方可以用得上他的兵刃。

这是什么原因呢？因为他没有进入不可以进入的危险的地方，自身也没有必死的破绽。

生的因素三成，死的因素三成，过分致力于生反而加速了死亡的因素三成。这样一个三三定则，是老子的一大发明。

多数学者老师将之解释为长寿的三成，短命的三成——也许从字面上看这样的解释是正确的，窃有疑焉。那个时候，不可能有三成长寿的。今天，所谓长寿者，按现在的标准，起码也得活过八十多岁，同样也占不了这样的比例。我宁愿作别样的解释，说成六经注我倒也不妨。

生的因素包括主观与客观。客观包括土地、阳光、空气、水、植被、生态与适宜人类生存的气候、地理条件等。主观上则是人的正常的生活能力、调节能力与自我保护的本能，还有免疫力、代偿能力……是人的身心的正常运作。

死的因素同样包括主观与客观。客观包括自然灾害、生物威胁、细菌病毒、不利于乃至直接危害人的生命的气候或其他环境因素。主观上则是人的衰老、心理疾病、做事失当、愚蠢、不智、不仁……这种类似自我毁灭的程序，常常会莫名其妙地启动。

因生致死的做法则包括了争强好胜、好勇斗狠、阴暗焦虑、奢靡过度、用力过度、进补过度、医疗过度、练功过度直至炼丹、迷信、长生药的寻找、秘方的崇拜，等等。

这第三个三成，我的研究体会还不够深，相信会有更多的内涵，而且是老子此番论述的精华、要点所在。但是我们可以想到一些成语：缘木求鱼、南辕北辙、揠苗助长、饮鸩止渴、走火入魔、过犹不及……这些表达了中华文明的

伟大智慧的成语中包含着类似的意思。

三三定则说明了生的因素只有三成，而另六成是相反的因素，是负面的因素，是死的因素。当然还有一成不确定的因素。说另一成是指善摄生者？亦存疑，因为善摄生应该包括到第一个三成即生的因素当中。

如果不说长寿不长寿，而是说体现了生的活力的人（生之徒）三成，体现了死的危殆的人（死之徒）也有三成，体现了因过分重视生从而背离了自然而然地生存的大道，反而面临着死的靠近的人（人之生生，动之于死地）也是三成，含义差不太多。

这也是一种忧患意识，是符合人生的况味的。人生不如意事常八九，这样的俗话说的是更高的负面因素的比例，不是六成而是八成至九成。人需要有这样的准备、这样的警惕、这样的谨慎，不能老想好事，老存侥幸心理。

扩而大之，其实不仅是生死的问题、摄生的问题，一切事情，都有个类似的三三定则。两支实力相当的球队，遭遇上赛事了，对于每一支球队，都应该有三成胜利、三成失败、三成求胜心切包袱太重反而失败的可能性。正常情况下做一件比较艰巨的工作，同样也只能有三成把握，三成危险，三成由于急于求成反而做不成事达不到既定目标的可能性。科学研究、发明创造、理财经营、求职自荐、冲击纪录、著书立说、文艺创作……莫不如此。当然这里还有一个前提，就是在你基本上具备条件的情况下，你可能有三成把握。如不具备基本条件，就连一成把握也没有了。

我的七十余年的人生经验证明，三三定则太棒了，完全是真理。总括地说，无论什么事，求学问、参加革命、做工作、写作、做一些社会政治工作、承担一定的义务与责任、追求国泰民安、身心健康与生活幸福等，成功的因素、成功的

机遇是十分之三。失败的因素、失败的机会是十分之三。而由于激动、由于一个时期的一帆风顺、由于对自己估计过高，取得的是相反效果的概率也是十分之三。

例如小时候我功课好，我以为自己可以成为一个发明家、科学家或者文学家，革命的风暴使我选择了革命而中途辍学。少年时代我立志做职业革命家，然而事实证明我最多是十分之三的革命家，另有十分之七是艺术气质、幻想气质、书生气质、幼稚与浪漫气质以及某种自由主义的性情中人。

后来我立志写作，为此付出了巨大的代价，也达到了我理想的最多三分之一（比十分之三略多一点）。

我希望自己在改革开放的新时期对于整体、对于全局有更多的影响与贡献的想法，最多实现了三成，或不足三成。

而一切超前的说法与行事，只能是适得其反。

反过来我要说的是，一个人在一生中，在各个阶段中，如果时时有三成的成功、三成的果实、三成的效果、三成的进展，乌拉，了不起，祝贺你！千万不要事事要求百分百。三成了，你应该快乐满足，你应该感激惭愧，你应该心如明月，你应该心花怒放。相反，过分的贪欲、野心、狂想、大言、美梦，过多的操作、活动、奔走、劳神、焦虑，结果只能是害了自己，乃至自找倒霉、自取其辱，直至自取灭亡。

后边说的行路不遇猛兽、作战不怕武器，角、爪、兵器都奈何不了他，这是一种理想，这是一种极美好的审美表述，这是一种大道，这是一幅得道者、善摄生者的美丽风景。或许这种话像是邪教奇功，至少像是武侠小说里的金钟罩、铁布衫。然而老子不是这样的，他绝非在提倡练什么奇门遁甲。他是说，关键在于你是否有死地，你是否进入了死地，

你是否向着死亡的负面的因素猛进，你是否在做愚蠢的贪婪的自取灭亡的傻事。也就是说，死不死，伤不伤，不在猛兽，不在敌军，不在武器，而首先在你自身，在你自身的道行。

这样的论说必须与前面的说法联系起来理解：这就意味着人应该做到无懈可击。生的因素三成，你应该充分地自然而然地去靠拢，去受用，去发挥，去亲近爱惜珍重这三成生。死的因素三成，你应该谨慎对待，趋利避害，不可掉以轻心，不可有亡命徒心态，不可毫无准备与警惕。

尤其重要的是你自身，不应该自生病灶，自见要害，自露破绽，自己搞出、露出与突出自己的软腹部：例如贪财，例如自私，例如阴谋诡计，例如以势压人，例如低俗不堪，例如树敌伤人。害人者人恒害之，骗人者人恒骗之，毁人者人恒毁之。阴谋家最易落入天罗地网，整人者最易搬起石头砸自己的脚。

老子强调的是，可怜人必有可恨之处，被犀牛猛虎甲兵攻击了的人一定有自己的原因，至少是不小心。一些人甚至很多人的不幸的结局，有其自身的责任。此话虽然说得残酷无情，有片面性，但对于多数人并非没有教益：遇事多想自己的责任。多责己，心平气和，增长见识，提升境界，以至于靠近大道，有助于往后。多责人，则只能是怨愤满腔，毒化自身与环境，乃至臭己臭人，贻笑大方。

无懈可击并不是一个技巧问题，问题在于你的境界、你的功夫、你的居心、你的高度、你的世界观与价值观、你的方法论与认识论、你的接近与违背大道的程度。

例如你发表一个看法，做到面面俱到是非常困难的，乃至是心劳日拙的，然而，你超出个人与小团体的偏见与狭隘，

超越意气与一日之短长的争执，抱着最大的善意，从有利于最大多数的动机出发，发表一个比较高明、比较不带宗派色彩、不计较谁得谁失、比较看得远站得高、具有最大的谦虚、充分吸收各方面的意见而又提高一步的见解，则是完全可能的。做到这一点，你就少了许多被攻击的可能。

例如当群体分裂，当各种利益分歧与经验分歧、背景差异与文化差异造成了尖锐的对立的时候，你做到八面玲珑、人见人爱是不可能的，乃至是可耻的，因为如果那样你就成了俗话说的『琉璃球儿』了。但是你不做不实事求是的事，不说过头话，不企图讨好任何一批人或某种势力，你时时寻求最大公约数，时时扩大与他人的理解与沟通，这完全是可能的，而且其完善是无止境的。

无懈可击者也有被击倒乃至击毙的可能，我对于这样的个案是无话可说的，但是这样的个案是相对容易翻过身来的。而且在大多数情况下，无懈可击者是犀牛用不上角、老虎用不上爪、敌军用不上刀剑的。无懈可击者比较有信心，有办法，有可资审美的风姿，逢凶化吉，遇难成祥，到处有『金刚力士』相助。我七十余年的经验已经说明了这一点。

再说一点，大事小事都无懈可击，今天明天每分每秒都无懈可击是不可能的，小事任你击任你赢任你横行神气，然而你还是达不到目的。因为我根本不计较小事，不怀好意者的小小胜利对于我来说，不关痛痒，不足挂齿。被击者微微一笑，击者又达到了什么目标呢？至于大事，你的角爪刀枪，全无用武之地。目的并不仅仅在于摄生，更在于我们要依大道而行，而止，而快乐，而微笑，而合目小憩，而看不起你那样的气迷心窍者。

没有比通过自己的实践来证明大道、来体味大道、来皈依大道更澄明、更满足的了。

## 第五十一章　是谓玄德

道生之，德畜之，物形之，势成之。

是以万物莫不尊道而贵德。道之尊，德之贵，夫莫之命而常自然。

故道生之，德畜之，长之育之，亭之毒之，养之覆之。

生而不有，为而不恃，长而不宰，是谓玄德。

道产生出万物（大道是存在的总的根源与本质），德滋养与充实着万物（大德是存在的总的内涵与供给），物质是万物存在的形式，趋动（运动变化）是万物存在的脉络与过程，是存在的完成。

所以世间万物都尊崇大道，珍贵大德。大道的尊崇，大德的珍贵，都不是人为的规定而是自然而然的结果，同样大道与大德也不干预万物，而是尊重它们自己的运动。

大道生发了万物的存在，大德充实了万物存在的内涵，使之生长发育，使之成长定型，供给世间万物的需要，覆盖（涵盖）着万物。

产生它们但不占有它们，为它们做事但不把持它们，带领它们却不主宰它们，这才是巨大的根本的也是最玄妙深远、难以见闻与描述的德性。

老子在这里再一次作出对于世界与真理的抽象概括描述。他提出了道、德、物、势这样一个阶梯式的命题，逐步下达，

而又四位一体。

道是根本、本原，万物万象均生于道。道的意义在于生发、产生、催生这个世界。

德是品性，是基本功能，是贡献，是道的滋养，是最大的仁爱，虽然老子屡屡批判仁爱。老子此处讲的德这种仁爱是自然力的而不是人为的。

物是道与德的具体化即道与德的下载，是道与德的形而上性质向具象的转化，通过万物而体现证明而弘扬光大。物化使世界得以成型成形。物还带有客观世界、身外世界的意思。道并不就是你自己，而是大千世界。这个想法可贵。

至于势，则是道与德的趋动，是道的动态、动因、动力和动向。势是内趋力、路线图，是道与德的自然就具有的而不须第一推动的能量。

德是道的滋养、功用。这里老子的一个思想很有趣。世界并非一蹴而就，生于道以后，还要接受德的培育、滋养、充实，而且还要长之育之、亭之毒之、养之覆之。就是说，万物还需要一个成长、发育、稳定、成熟、结果、保护、存藏的过程。

这一章是老子的创世记，可以与《圣经》上的说法对照来读。《圣经》上讲是耶和华根据需要有意识有计划地用六天时间创造了世界，第七天就安息。

在这里不难发现老子的尊崇自然的特点。而西方宗教的特点是寻找一个主——Lord。上帝＝主。主创造了一切，主宰着一切，安排着一切。老子的说法则是自然之道，『生』出了世界而不是创造了世界。『生』比『创造』更少有







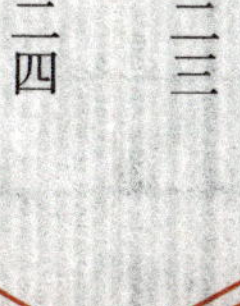

意为之的成分。佛教的说法也是由佛法主宰，而不是由佛陀掌控。

老子还特别强调生而不有，为而不恃，长而不宰，是谓玄德。就是说，大道不是主——Lord，而是自然与自化。

道、德、物、势是一个逐步落实逐步显现的阶梯，同时中国式的整合性整体性思维，决定了四位一体的特色。文句上说的是道、德、物、势，最后一个势字或作器，窃以为物与器可不连用，乃从势。说它四位一体是有许多根据的，其中最重要一点是前面对于一的论述。我们要的是归于一、定于一、得一（有趣的是佛教也讲万法归一，万法叫做五蕴十八界，一叫做真如如来藏）。

道是原理，是规律，是本源，是先天地生的世界的原生状态，是惚恍，是恍惚，是混沌，既是最根本的存在，也是最概括的本质。

存在到了最最起始的极端，便是本质，便与本质并无不同，这是中国式思想方法的妙处。这也是对于价值与选择、认知与信仰、先验与逻辑推论、本体论与认识论与方法论的区分的超越。因为这样的本质与任何人为的价值与选择性无关，它是自来如此。这也不是一种特定的认知，不是学派，不是学说，而是世界的最初，是既没有学派也没有价值观乃至还没有人类时期世界本质的永远的照耀。它既是理性推演与概念提升的结果，又充满崇拜的情绪。

老子在此章中特别提出了尊道与贵德的问题，这在其他章节中并未多言。他说万物莫不尊道而贵德；道之尊，德之贵，夫莫之命而常自然。正是这几句话流露出老子的道的概念的不无信仰主义色彩。你不但要认识它，体悟它，还要尊贵它。

这样的一个尊贵，应是沿着道德物势的反方向而进行。最明显的是你要尊贵『势』，你至少是因势利导，要认清大势，认清『世界潮流，浩浩荡荡』（语出孙中山）。要看准事物的发展方向，不干逆潮流而动的蠢事。

然而仅仅看到势是不够的，仅知势你有可能变成墙头草，随风倒。所以进一步要知道物，知道客观世界、身外世界，懂得实事求是，懂得势的来源，而不可刚愎自用、一意孤行、唯意志论，以空想代替现实。

你更要从世界的发展变化中看到玄德，看到大道之德、自然之德、万物之德。玄德，抽象而又宏大，无所不在无所不受其德，养之覆之，德莫大焉。这里有没有感恩思想的契机呢？却又与天地不仁的命题不一致。这是老子思想中的一个悖论：不仁乎？玄德乎？

最后，你能做到尊道而贵德了。大道是世界的原生本体，也是道理规律的决定因素，还是一种境界、一种方法、一种路线。它尊重自然，克制人为；尊重万物，克制自身；尊重弱势，克制坚强逞强。总之它是天下天地之母之始。

这里有整体的观点。原因就在于每一件具体的事物都同时具有自己的本质、自己的原理、自己的最初，那么万物的最最终极的本质、原理与最初是什么呢？就是道。道起了什么样的作用呢？它生发了万物，产生了万物。

世界就是这样的，有原理，有原本，有始初，有永恒的本体：道；有发展、成长、成熟、成型，存在与发育的必需因素：德；有存在的体现、形状与声音、实在的而不是虚幻的性质：物或器；有运动的动力、趋势、能量：势。这四者是不能分割的。

认识与强调世界的同一性、整体性、融合性，这是古代中国哲学的一个重要思路。谚云：『不为良相，便为良医。』

这样的谚语只有中国有，因为中国式的思路认为医国医乱与医人医病的道、德、物、势是相通的。古代国人还喜欢通过例如观察竹子研究书法，通过观察禽兽研习武功，通过观察自然界研习哲学、美学、伦理、兵法直至文章做法。《文心雕龙》中举证的最大的模范文本，正是大自然。

格物、致知、正心、诚意、修身、齐家、治国、平天下的高屋建瓴却又不符合形式逻辑的演绎规则的推论，也只有中国有。外国人则更倾向于强调区别，倾向于择清楚某人某事的独特性。

其实事物既有它们的共同性，也有它们各自的独特性。二者缺一不可。

在这里，老子再次论述了生而不有、为而不恃、长而不宰的大德，再次与寻主论、与Lord论拉开了距离。其实大自然就是这样的。以母鸡孵蛋为例，作一个不无牵强的比喻，胚胎与整个鸡蛋的成分比例与构成是道，蛋白蛋黄是德，母鸡的体温与耐心孵化是势，而雏鸡的身体是物与器。母鸡对于雏鸡，从来就是生而不有、为而不恃、长而不宰的。母鸡对于雏鸡恩重于山，但雏鸡长大，便与母鸡告别。为什么一只老母鸡都具有的玄德，对于人来说却是这样困难呢？

这恰恰是由于人的自作聪明——自以为是——自我膨胀。人的万物之灵的地位使人产生了主观性、目的性、计划性、优越感、自足感，产生了贪欲、权欲、物欲、占有欲、收藏欲直到破坏欲，产生了计谋产生了一切未必全部是积极的与真正有价值有利益的东西。人为什么不多想想大自然，想想『天何言哉』，想想大江大河大海是怎样运作怎样『行事』的。人啊，你应该学习大自然，与大自然保持一致呀！

# 第五十二章　塞兑闭门

天下有始，以为天下母。既得其母，以知其子。既知其子，复守其母，没身不殆。

塞其兑，闭其门，终身不勤。开其兑，济其事，终身不救。

见小曰明，守柔曰强。用其光，复归其明，无遗身殃。是谓袭常。

天下的初始也就是天下的母亲——本原。知道了天下的母亲——本原，也就知道了万物，即天下之母的孩子们。知道了这些林林总总的万物，即母亲的孩子们，仍然要回到天下的母亲——本原那边，坚守母亲的大道。于是，到死也不会发生危险、错误了。

塞上感觉的进出口，关闭感觉的门户，生命与大道就永远不会枯竭了。打开你的感官，为满足你的感官的需要而行事，你也就永远不可救药了。

能看见细小的东西才是明，能保持住低调与柔弱的姿态才是坚强。能够明白这样的事理，用得道者的光明来照亮万物，不给自身造成损害或者灾难，这就是保持了、掌握了那种可持续的永恒的大道。

这可以算是中国古代的一种『原道旨主义』『原婴儿主义』。它认定本原＝本真＝原生态＝本质＝大道。因此，它不相信并高度怀疑和否定文化、历史与发展、进步的观念，推崇向后看，要求回到本初状态即本真状态，从个体来说就是回到婴儿状态。

盖一切理想信念包括老子心目中的大道，在提到世人面前以后，最好的情况、受欢迎与被认同的情况下，面临着

两方面的发展可能。一个是理念的被接受，被传播，发生着越来越大的影响与威力；另一个是接受者同时也是实践者，而实践者必然同时是改变者修正者。人们无法不倾听实践的声音，也无法不受自身即受众的文化、经验与水准的限制与影响。原有的理想与信念能够指导接受与实践的过程，是一个方面。同时，接受与实践的过程必然地自然而然地在修正着、调整着、一定程度上改变着认识，改变着你原来的理想与信念，这是事物的另一个极重要的方面，这也是完全无法避免的。理念与生活永远有一个相冲突、相磨合、相作用、相改变的互动过程。表面上看，明显的是理念改变着生活，例如五四运动所宣扬的民主、科学新文化改变了古老的封建大国。更深一步看，是中国的文化、生活、历史与人民的革命改变着新文化的诸种理念，一种宗教被接受的历史也是如此。

所以从古到今，都有原×旨主义与修正主义与革新派别或庸俗化派别的斗争，有所谓保持理念的纯洁性、保持精神的清洁性或要求变革与创新的斗争。例如《老子》一书就因读者的不同，而时时会被作出不同的解释：可以解释为大道，也可以解释为阴柔的智谋；兵法、阴险可怖的歪门邪道至少是小道，或者变为炼丹作法的民间宗教。

当然，还有另一种更要命的可能：一种理念的提出，生非其时，它立刻受到批评嘲笑反对，它被歪曲、被曲解、被妖魔化或丑化。一时间，抨击这种理念的潮流成了事，一犬吠影，十犬吠声，此理念再无还手之力，就这样被消灭了。或者，一种理念红里透紫了一个时期，阴差阳错，突然走上了『背』字儿，变成了嘲笑与辱骂的对象。

前面的几种情况都不利于你去了解掌握原道旨；前面几种情况也都策动你搞原道旨主义。

原道旨就是原母体、原本初。所以老子主张『既知其子，复守其母』，从当下的派生的万物万象——子出发，回

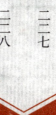

到原生的母那里去。

老子他并没有提出什么惊世骇俗的独特理念，他的原道旨并不惊人。他的原道旨似乎其貌不扬。他的理念就是让人回到婴儿状态，回到人的、生命的原生状态，认为那个状态就最好、最合乎大道。原道旨主义就是原婴儿主义、原生命主义、原自然主义。掌握大道的关键在于懂得万物之母，母就是大道，就是婴儿，就是自然，就是一，就是泰一、太一。母是本质，母是一切德性一切智慧的总概括，有了这个母就有了一切，千万不要在追求『子』当中迷失了方向。所以老子让人守住母，而不必为了万象万物这些个『子』、这些个派生物、这些个假象而伤脑筋赶潮流追时髦不已。

其实基督教也有特定的婴儿崇拜，婴儿即刚刚诞生的耶稣——圣子，圣母玛丽亚与圣子纯洁光辉的形象经常会出现在教堂的油画与雕塑里。

佛教也常讲到释迦牟尼出生时的异兆吉兆。

他们崇拜的是特定的婴儿人格——神格，而老子提倡的是回到一般的本质的婴儿状态。

回到最初，回到起点，回到本源，这不失为认识真理的途径之一。确实，许多事情是在庸人自扰，在无事生非，在自己绕糊涂自己。

西方文化包括他们的科学主义也并不轻视对于本初状态的研究，如生物学之于细胞、生理学之于胚胎、经济学之于商品与货币、人类学之于原始公社、绘画艺术之于素描、几何学之于诸如两点间以直线为最短的公理。

西方科学文化承认这样的追索的必不可少，同时他们一般并不把这些研究加上信仰主义的色彩，他们认为这样的

最初、本原并不就是事物的全部，更不是认识论的全部。

怎么样才能做到原道旨主义，回到最初、回到起点、回到本源上去呢？老子提出的办法是闭目塞聪，杜绝有害信息，近于实行软性的（不像佛教那样严格的）闭关修炼。这也很有趣。在中国，这样的修道方法可不仅是道家。各种教派都有这种面壁而坐、闭关苦修的大同小异的方法，叫做心斋，要让心灵与感官斋戒；叫做闭门思过；叫做打坐或者气功；叫做一心修炼，乃至灵魂出窍。这是一种相当惊人的认识世界、认识自身的方式。当然，对于老子来说，认识自身所具有的道性比认识世界更重要。

周恩来的诗中有『面壁十年图破壁』句。面壁十年，是修炼的功夫，代表的是精心钻研、苦心孤诣、寻求真理而且达到了极致。

弘一法师（李叔同）也修炼过『塞其兑，闭其门』的苦功。

释迦牟尼练习过面壁，似乎收效不大，但达摩的面壁就十分脍炙人口。达摩老祖的说法是『外止诸缘，内心无端，心如墙壁，可以入道』。相传他曾面壁十年，鸟儿甚至在他的肩上筑了巢，他对面的石壁上印上了他的形象，栩栩如生，连衣褶都看得出来。至今全国有不止一处佛教寺庙区域，有达摩面壁的洞穴供信众参观。

中国有苦练内功的传统。中国式的以人为本，有时达到了将世界视为次要视为从属的地步，以为只要自己的心性、良知、良能、呼吸、导引、『一口气』（俗谚：内练一口气，外练筋骨皮）修炼好了，世界上什么难题都不在话下。如果练的是武功，做到了塞兑闭门的功夫，定能无敌于天下。

孟子的『苦其心志，劳其筋骨，饿其体肤，空乏其身，行拂乱其所为，所以动心忍性，曾益其所不能。人恒过，然后能改；困于心，衡于虑，而后作；征于色，发于声，而后喻』，也讲到了外界影响的逆向性与坚定不移守护内心的必要性。

几个僧人争论是风动还是幡动，而禅的回答是：『不是幡动，风动，只是心动。』此说亦是讲只要心不动，什么事情都不会发生。

从义和团的硬气功，到金庸小说中的特异的练功，尤其是几种内功的神秘修炼，再到近年的所谓特异功能热、气功热，都有这种『向内转』的影子。

当然老子的内功与气功武功不同，他搞的不是神秘的苦行苦修苦练，而是恢复到本初状态、婴儿状态。他更注意的一是戒贪欲，所以要闭目塞聪，不受诱惑；二是不以物喜，不以己悲，叫做宠辱无惊。

中国的先哲认为，大千世界千变万化，声色犬马，花花绿绿，许多东西不过是一时的镜花水月、一时的魔界虚相，咋呼闹哄，不足挂齿。同时圣人之心深如古井，清如明月，冷如冰霜，与大道相交通，与日月同辉映，纤毫毕见，明察秋毫，而又甘居人下，为豁为谷，知白守黑，知雄守雌，以静制动，万物心为先。有道是：『为将之道，当先治心。泰山崩于前而色不变，麋鹿兴于左而目不瞬，然后可以制利害，可以待敌。』（苏洵《心术》）

这些说法不无夸张，但也很有参考价值，我们说沉得住气，讲定力，说宠辱无惊，说每临大事有静气，说自有主张，说稳如泰山，说撼山易、撼岳家军难，说富贵不能淫，贫贱不能移，威武不能屈，这些说法都很高尚，很美好，很重要，

也很有分量，都与老子幻想的『既知其子，复守其母』的命题相靠拢。我们既要有眼观六路耳听八方的本领，又要有心如古井的清凉静谧。没有本领是傻子，没有主见是游魂。

在致力于大道的追寻与体悟的时候，一定要有守护的功夫，坚持的功夫，有足够强大的抗逆性能，有捍卫住自己的袭常——习常——恒常状态的能力，有守护住可持续的明明白白的状态的能力。要有有备无患，有定无扰的状态与道性；要守得住自己内心这一片不可剥夺的净土；要守住自身的一贯性、稳定性、长期性、纯洁性；要有钢的筋骨、水的清澈、月的明洁、山的沉着。这样的功夫即使难以完全做到，虽不能至，心向往之，梦寐求之，诗之吟之，长啸呼之，也是好的。

心功很有魅力，心功令人入迷。心功你琢磨起来要比事功——用功做事、武功——用功习武、腿功轻功毯子功技艺之功高妙得多。

然而，仅仅下这方面的工夫，讲这方面的道理，甚至夸张地认为有了心功内功就是有了母，就是有了一切，认为回到婴儿状态就有了一切，这未免太天真、太有点长不大的孩子的意思，乃至有点走火入魔的意思。

## 第五十三章　盗夸非道

使我介然有知，行于大道，惟施是畏。大道甚夷，而人好径。

朝甚除，田甚芜，仓甚虚。服文彩，带利剑，厌饮食，财货有余。是谓盗夸，非道也哉。

我们本来应该有一个深刻与坚决的认识，就是要皈依大道，按大道行事。大道怕的是偏离于它，而走上邪路。大道本来是平坦周正的，偏偏人们，尤其是当权者们不肯那样走，他们更喜欢走小径乃至于邪魔外道。

朝廷里相当腐败，田园里一片歉收，仓库里业已空虚，为政者却穿着鲜花着锦的华丽服装，佩带着锃亮耀眼的锐利宝剑，享受着奢侈无度的精美饮食，而且是一身的珠光宝气。这是在欺世盗名，这是在自欺欺人，这是在伪作强大，这才是对于大道的全然背离呀！

老子很早就发现了一个大问题：理论与实践的脱离，人们尤其是当政者的非道性——不按公认的大道行事的特性。

果然，儒家讲仁义道德、仁政、以德治国，那么请问，标榜尊孔的历代统治者，有几个人做到了四维八纲五德周公孔圣人的教诲了呢？道家讲清静无为，讲以百姓之心为心，还有其他各家包括各种宗教的理论与清规戒律，谁又认真做到了呢？法国大革命提出的自由平等博爱，基督教提倡的宽恕，佛教提倡的慈悲，一些宗教提倡的救世苦行与奉献牺牲，不错，是有人做到了，然而没有做到的人更是多得多。

旧中国的国民党讲三民主义，他们做到了吗？如果他们做到了，会在内战中败得那样惨吗？

我们今天的指导思想非儒非道非某种宗教，我们讲的是马克思主义，讲马克思主义的中国化，讲社会主义的核心价值，讲八荣八耻，等等。党与人民正在努力躬行这些指导思想的要求，这并无疑问，但同时，社会上包括身居高位者中，仍然有大量的不讲指导思想，只讲跑官跑级；不讲原则，只讲关系；不讲理想，只讲利益；不讲清正廉明，只讲徇情舞弊，乃至贪污腐化、损害公共利益，成为国家的罪人，成为罪犯的无数事例。这究竟是为什么呢？



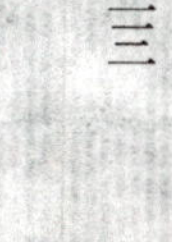

不仅在我国，就是在欧洲，也有许多理想主义的信念是建筑在大致的性善论基础上的，例如利他主义的提倡，例如对于欲望的克制等，在理念上常常所向无敌，没有人敢于、好意思于公开反对，即没有什么人敢于公然地暴露自己的自私、利己、多欲、粗鄙。但人性中又确有不那么大公无私的一面，有自己的私密，有自己的弱点，有自己的局限，这是理论难以完全与实际合榫的首要缘故。

其次，原则理念的收效需要时间，而一些邪路斜径小道后门的收效常常立竿见影。人们，包括为政者常常难以完全拒绝小道斜径的诱惑，原因是小径已经被认定为捷径。何况还有体制上的不足，为各种斜径小道开了方便之门。例如人际关系，你本事再大，学问再好，人际关系不好，好办事吗？当然不灵光了，你也就难以责备有些人只忙于搞关系了。

再有就是客观世界的千变万化，理念、大道、主义在其面前常常显得捉襟见肘，难以对付。国人自古追求以不变应万变，以一个大道，一个『一画』，一个一以贯之应对世界上的一切问题：包括格物、致知、诚意、正心、修身、齐家、治国、平天下、医疗、养生、绘画、音乐、用兵……这是我们的传统的本质主义、整体主义、整合主义、主导主义的体现。我们追求的是共同性、一贯性、整体性，而有时忽略了差异性、变异性、具体性、分类分科性。这是我们的文化传统的一个特色，优劣短长另议，但是它会更加造成吾道其夷而莫之行（我指出的大道非常平坦正直，但人们不去实行）、大道甚夷而人好径（大道很平坦正直，人们却偏偏更喜欢走小径）的令伟大的老子大发牢骚的局面。

从中也可以看出人的成色与分量。什么叫庸人，什么叫俗人，什么叫没有觉悟的人？就是那些没有原则、没有理念、

只看蝇头小利、随风摇摆、任人或任风驱赶的人。而一个精英，一个仁人志士，一个有识之士，一个智者，一个大写的人，就不然，他应该懂得更多的根本的道理，更接近于历史与世界的大道，更自觉地有所为有所不为，敢于拒绝，敢于说『不』，时时有自己的清醒、自己的选择、自己的坚守与投入。时间不断地逝去，历史不断地发展，投机者、夤缘时会者、搭车者、逢迎之徒、无耻小人，或快或慢，总会暴露自己的面目，成为笑柄，成为反面教材。在最好的情况下，是热乎一段，然后被人遗忘。

这样的反面教材、反面教员，老子已经勾画出来一个。他讲得其实很生动，官事腐败，农田荒芜，仓廪空虚，却还要穷奢极欲，耀武扬威，装腔作势，自欺欺人，这样的人是无法逃脱可耻灭亡的命运的。

明初开国重臣刘基——刘伯温，也提出了『金玉其外，败絮其中』的著名说法，他描绘一些堂堂皇皇、张牙舞爪的人物，其实内里非常空虚，与老子的说法一脉相承，是值得引为教训的。

## 第五十四章　以身观身

善建者不拔，善抱者不脱，子孙以祭祀不辍。

修之于身其德乃真，修之于家其德乃余，修之于乡其德乃长，修之于邦其德乃丰，修之于天下其德乃普。

故以身观身，以家观家，以乡观乡，以邦观邦，以天下观天下。吾何以知天下然哉？以此。

善于建立的人，他的建设成果是不可能被拔除取消的。善于抱持的人，他所怀抱的东西是不可能脱落和被夺走的。

有子有孙的人，他享受的祭祀是永远不会中断的。

只有将大道修习为自身，成就自身与大道的一致、一体，其德性才能达到本真。只有把大道修习为自家，成就自家与大道的一致、一体，其德性才能富富有余，源源不竭。只有将大道修习于乡里，成就乡里与大道的一致、一体，其德性才能天长地久，生生不息。只有将大道修习于邦郡，成就国家与大道的一致、一体，其德性才能丰盈充实。而如果能将大道修习于天下，实现天下与大道的一致、一体，其德性才能覆盖万民，使天下共享其德。

我能够习养大道于自身，乃可以观察判断一个个人身。我能够习养大道于自家，乃可以观察判断一个又一个的家庭家族。我能够习养大道于乡里，则可以观察判断一个又一个的乡里市镇。我能够习养大道于邦郡，乃可以观察判断一个又一个邦郡侯国。我能够习养大道于天下，乃可以观察与判断天下。为什么我能够判断天下的大事大势呢？大道的习养，这就是关键的所在。

这里老子讲的是大道与认知主体的统一，自身、家庭或家族、乡里或故乡或乡村市镇、邦郡或诸侯王国、天下与大道的统一。也就是讲人的大道化，是讲人的主观世界与自然的客观世界的统一。

老子的理想是人与大道的一体化。尽管这个一体化的定义是模糊的，不像欧盟的一体化那样条文明确，定义清晰，它仍然是一种哲学——神学理想。

人的大道化，即是人的本质化，即是人与道的一体化。

对于『一』即世界的统一性的追求，对于本质或究竟的追求，是国人先哲的最高追求，这个追求的最后成果就是大道。

身也好，家也好，乡也好，邦也好，天下也好，最后统一在大道里。大道，这就是老子的哲学、政治学、社会学与神学的终极概念与原初概念，是起点也是终点，是最先也是最终，是最高也是最低，是无限大或宏观，也是趋于零的最微小或微观。

善建不拔讲的并不是建筑学，而是讲道的习养。同样，讲抱持也不是讲劳动或运动，同样讲的是道，讲道怎么样才能如身如心如灵魂如自我，从不背离，从不遗忘，从无须臾脱轨，从无毫厘偏差。

善建的果实是人、大道与建筑的一体化。也就是说，你建设起来的东西是根深叶茂、与天地同在、与大道同存的东西，一体化了，怎么可能拔除呢？

善抱的结果是人、大道与被抱持者的一体化，怎么还可能存在掉不掉得下来的问题呢？

想想古今中外那些伟大的建筑，比如万里长城，比如都江堰，比如天坛、隋塔，比如泰姬陵，比如金字塔与卡纳克神殿，比如凯旋门与巴黎圣母院，想想那些伟大的作品和思想，想想那些先贤留下的榜样……他们或它们都是永远不会拔除、不会脱落、不会被子子孙孙忘记的。

而且子孙的含义是生命的延续，是生命的本质化，即生命与大道的一体化，当然也就不存在是否祭祀不辍的疑问了。

使自身与大道一致、统一、一体化，这也是一种类似天人合一的思路，叫做道身合一。天与人为什么能合一呢？因为人本来就是天的一个部分、一个从属。人是天的杰作、天的集中而灵动的表现。同样，人是道的派生，是大道的杰作，是大道的下载，是大道的演化的证明与体现，是大道的果实。人脱离了天，脱离了道其实是不可能的，人怎么

可能脱离大自然呢？人疯了、自杀了、犯罪了、十恶不赦了，仍然是大自然的一部分，一个被淘汰或被抛弃的部分。人怎么能够脱离时间与空间呢？人怎么能够脱离世间万物万象的规律、本质与本源呢？人的违背大道的一切自取灭亡的行为，也是大道的一个反面的版本、一个警示的例证，也是大道的一次现身：切切不可如此。

从根本上说，道、天、人本来是合一的，本初是合一的。

那么为什么有那么多离道、悖道、无道的事与人出现呢？为什么历史上有无道昏君，有多行不义的自毙者，有大量的『背而驰』的事情出现呢？

问题在于人这种东西有时候会由于贪欲、由于疯狂、由于妄想，主要是由于对自身估计过高，由于强不知以为知、强历史之所难、强自然之所难、强大道之所难——例如追求长生不老，追求百战百胜，追求万世基业，追求绝对权威，追求集众富于一身，追求万代霸权……而走到了大道的对立面，于是弄巧成拙，画虎类犬，缘木求鱼，南辕北辙，聪明反被聪明误，雄心反被雄心误，意志反被意志误，作为反被作为误。人啊，你们干了多少蠢事！其结果只能是一败涂地。

其次是由于文化的发展。老子是世界上最早对文化有所反思有所困惑有所质疑的人物之一。文化是不能不要的，然而文化的发展是付出了代价的。环境的污染，生态的破坏，人格的复杂化，竞争的过分紧张，生存与快乐享受的过分复杂化，美丽田园与牧歌情调的消失，人际关系的非真诚化，人生的淳朴的快乐的日渐减少……老子早就看出了这些问题，乃至于希望开开历史的倒车——他提出的终极目标是人的婴儿化，这就有点乌托邦了。

身也好，家也好，乡也好，邦也好，天下也好，最后统一在大道里。大道，这就是老子的哲学、政治学、社会学与伦理学的终极概念与最高概念。是起点也是终点，是最高也是最后，是无限大也是无限小，也是趋于零的最微小与极微。

善建不拔讲的并不是建筑学，而是讲道的修养。同样，抱持者也不是讲手抓心攥，同样讲的是道，讲道德修养的是身心内外的自我。从不背离，从不遗忘，从不离失动摇，从不丧失偏差。

善建的结果是人、大道与建筑的一体化。也就是说，你建设起来的东西是与宇宙中的、与天地同在、与大道同在的东西，一体了，怎么还能拔得掉呢？

善抱的结果是人、大道与被抱持者的一体化，怎么还可能存在抱得住抱不住的问题呢？

想想古今中外那些伟大的建筑，比如长城，比如故宫，比如天坛、颐和园，比如泰姬陵，比如金字塔与卡纳克神殿，比如巴黎圣母院……想想那些伟大的作品和思想，想想那些先贤留下的榜样……他们或它们都是永远不会拔掉、不会脱落、不会被干扰而忘记的。

而且抱住的含义是生命的延续，是生命的本质，是生命与大道的一体化。当然也就不存在是否紧张不紧张的问题了。

使自身与大道一致、统一、一体化。这也是一种类似天人合一的思路，叫做道身合一。天与人为什么能合一呢？因为人本来就是天的一个部分、一个从属。人是天的杰作，天的集中而灵动的表现。同样，人是道的派生，是大道的杰作，是大道的下载，是大道的演变与证明与体现，是大道的果实。人脱离了天，脱离了道其实是不可能的。人怎么



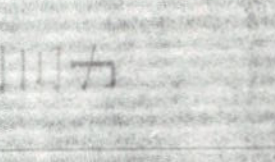

可能脱离大自然呢？人疯了、自杀了、犯罪了、十恶不赦了，仍然是大自然的一部分，一个被扭曲被破坏的部分。人怎么能够脱离世间与空间呢？人怎么能够脱离世间万物万象的规律、本质与本源呢？人的违背大道的一切自取灭亡的行为，也是大道的一个反面的范本、一个警示的例证，也是大道的一次显现，因此不可以忽视。

从根本上说，道、天、人本来是合一的，本应是合一的。

那么为什么会有那么多离道、背道、无道的事与人出现呢？为什么历史上有无道昏君，有多行不义的自毙者，有大量的“背道而驰”的事情出现呢？

问题出于人这种东西有时候会由于贪欲、由于疯狂、由于妄想，主要是由于对自身估计过高，由于不知以为知，强历史之所难、强自然之所难、强大道之所难——例如揠苗助长，造成百般痛苦，求全责备，过犹不及。逞强求大，急于一身，逞强于一时……而走向了大道的对立面，干尽坏事，画虎类犬，缘木求鱼，南辕北辙，聪明反被聪明误，精明反被精明误，意志反被意志误，作为反被作为误。人啊，你们干了多少蠢事！其结果只能是一败涂地。

其次是由于文化的发展。老子是世界上最早对文化有所反思有所困惑有所质疑的人物之一。文化是不能不要的，然而文化的发展是伴生出了许多问题：环境的污染，生态的破坏，人际的复杂化，竞争的过分紧张，生存竞争变得过分复杂化，美丽田园已被钢筋水泥所消灭，人际关系的非真诚化，人生的淳朴的快乐的日渐减少……老子早就看出了这出问题，以至于各种形式的个人学习修养的困难——也就是出现了各式各样的人为的混乱。这就有点可悲了。

开倒车是做不到的，讨论怎么样去减少文化发展的代价，则是颇有意义的。

不仅文化的发展是有代价的，人的成长也有代价。青春花季的代价是告别童年与少年时代；成熟的代价是告别青春；丰富的代价是告别纯真；随心所欲不逾矩的代价是消除了人生的挑战性与不确定性。看到了太多的代价，当然会有回返的冲动与要求，会有回归婴儿状态的梦想。

老子认为：对于大道的修行习养，其实也就是返回，就是返璞归真。一个人习养返回到大道里了，你就本真了，不必作秀，不必表白，不必强努硬憋死忍，你自然合乎大道，也只有自然合道才是真正的大道。你的家庭习养返回到大道里了，你这一家也就游刃有余、年年有余、终身富裕了，不必训诫功课，不必家规家法，不必苦心经营，不必殚精竭虑。这是多么理想的境界啊。

而你所在的乡里，习养返回到大道里了，大道的德性即功能恩泽便充盈丰满了，永远不患物质的或精神的匮乏。生活在大道中的人民，其乐何如，其美何如，知足常乐，怎么可能有什么不满足呢？

你的邦郡王国呢？如果统治者与万民返回于习养大道，那么一切美好的生活不就能够天长地久，能够稳定永远，能够可持续地快乐幸福下去了吗？

到了天下这边呢？天下都回到大道里去了，万物被大道所滋润营养，其大德变成了真正的普世价值，这将是多么和谐的世界、多么聪明的人间！

这可以说是老子的大道乌托邦主义。

这是虽不能至，心向往之。这是两千六百年前国人先哲对于普世价值的一种设想。当然那个时候人们对于天下对于世界还没有今天的概念，那个时候的人们并不知道天外有天，中国外有国，天下外还有天下。但是老子的追求是普世与永久，而不是一时一地，则是无疑的。多么可惜，它没有得到天下与本邦本乡本土的足够的倾听。如今人们喜欢讲的普世价值与法则，似乎是西欧北美的专利，似乎都成了舶来品。而我们自己要做什么不做什么，只能用国情特殊来做论据，倒像是我们在普世价值法则面前不无窘态了。呜呼！

## 第五十五章　比于赤子

含德之厚，比于赤子。毒虫不螫，猛兽不据，攫鸟不搏。

骨弱筋柔而握固。未知牝牡之合而朘作，精之至也。终日号而不嗄，和之至也。

知和曰常，知常曰明，益生曰祥，心使气曰强。

物壮则老，谓之不道，不道早已。

大道所包含的德性（形象、影响、作用、感人之处、深入人心的力量等）是非常宽厚广大的，其状况恰如婴孩。毒虫不会去螫咬他，猛兽不会去捕捉他，猛禽不会去搏击他。

婴孩骨头是软弱的，筋脉是细柔的。他不可能懂得男女交合之事，但他的生殖器会自行挺起，那是由于精（精力、精神、精子或睾丸……）的功效。他终日号哭而喉咙不会嘶哑，那是由于和谐与自我调节的功效。

懂得和谐与自我调节，就能做到恒久与可持续。懂得如何才能做到和谐与可持续，才算明白——心明眼亮，不昏昧。有益于养生、生命、生活的叫做吉祥。一相情愿地咬牙使气好勇斗狠蛮干硬拼那叫做勉强。

一个东西太强壮了，就开始衰老，也就是违背了大道。违背了大道，也就会很快地完蛋了。

老子讲大道，最喜欢用的是两组比喻：一个是水，上善若水；一个是婴孩，讲婴孩讲赤子，认为从中可以大获教益。不仅仅是比喻，因为比喻是一种修辞——表达手段。人们有了一个论断、命题，需要给以通俗化的、更加生动的解释，乃取之于比喻。例如庖丁解牛、守株待兔，分别表达的是游刃有余与坐等侥幸，你理解了游刃有余与坐等侥幸的有关想法以后，解牛与待兔这两个原来的例子是否可信、是否确实，并无太大的意义。

老子这里用的是形象思维，他不但从理念中找比喻，也从对于水与婴孩的观察体认中寻找新的启发，寻找对于大道的进一步把握，寻求对于大道的新发现、新心得。老子相当虔诚地喜爱直至崇拜水与婴孩，并从中寻找灵感。

这里，老子对于婴孩的观察思考相当细致。他先说婴孩虽然骨弱筋柔，但拳头握得很紧。对于这一现象，不知道今日的生理学、育儿学是怎么讲的，但是老子认为这大有深意。依老子的观点，婴孩才出生就握紧双拳，意味着他生而通大道，大道的作用是大德。大德广远深厚，只可握而藏之，含之蓄之保之持之，不可掉以轻心，不可放弃须臾。依拙见，握紧拳头从象征的意味来看，即不是从生理学上看，还可解释为一层意思，不伸手，不手心向上乞讨索要，也不手心向下抓取抢夺。这样就珍惜自身，同样珍惜与尊重世界。己归己，人归人，世界归世界，很好。至于说到婴孩虽柔弱，却不受攻击，窃以为关键在于婴孩处于受保护的地位，并不是婴孩自然不受毒虫、野兽、猛禽的攻击。祥林嫂的儿子阿毛就被狼叼走了，而外国也发生过小孩被老鼠咬掉了耳朵的事件。

这里展示的仍然是老子的弱的哲学、阴柔的哲学。宁失之于弱，失之于受保护，莫要失之于强，失之于威胁他人，这是老子的一个原则。这样的原则对于称王称霸者、盛气凌人者、因挫折而灰心丧气者，都是极有教益的，但换一种情况，就不灵了，例如被侵略者。

细心的老子一直观察到了男婴孩的生殖器的挺起。老子在他的微言大义的作品中大方地谈玄牝（大阴户）与小男孩的阳具，说明那时候的性观念没有后来的那么多禁忌。他的意思是说，生殖器的活动不需要外力的煽动教唆挑逗，也不需要进行早期性教育，也不需要讲什么性禁忌、性防范，既然有精，生殖器自然会动起来、运作起来。或云精是聚精会神之意，无伤，无悖，聚精会神也是精，精子精液精力精神也是精，这里是汉语汉字的概括性与整体性的表现。

终日号哭，其实是会哑嗓子的，不至于哑得很厉害，像成人嘶吼太过，或歌唱、戏曲演员练声方法有误造成的后果那样，原因就是婴孩的啼哭是一件自然而然的事情，想哭就哭，哭累了自然就休息睡眠，或者哭着哭着衔上了乳头，变成了满意的呻吟，自然不哭了。

喉咙也好，生殖器也好，自有章法，该起则起，该止则止，行藏有道，起伏在我，自我调节，达到和谐平衡，才能可持续地长期稳定。

这里老子提出了大道的一个新的属性：和，即和谐与平衡、节律与本能。一时的胜利，一时的收益，一时的得计，是容易的；难得的是常与明，永远正常，永远和谐，永远明晰，永远光明。于是老子再次强调自然，反对心力交瘁，

反对争强好胜，反对使气斗狠，反对霸气十足。他让人们警惕那种高峰状态、黄金状态，极端傲视群小的状态，东方不败、凌驾群英、横行霸道的状态，认为谁达到了那种状态，谁就失掉了大道，谁就会走向衰落与灭亡。

忠言逆耳，良药苦口，这一段教训，值得肃然深思。

论述婴儿的道性，伟大的老子似乎有些一相情愿。世上有些所谓永远长不大的人，他们表现的孩子气除了纯真、直爽、不动心眼、不做局、无害人心等正面品德外，也常常伴有任性、浅薄、易怒、易喜、自我中心乃至自私、依赖性、无能、动辄伸手、无责任心、无远见、无自我掌控能力，等等。其中最好的例证就是贾宝玉；不怎么好的例证就是顾城，实在不敢奉承、不敢树立他为得道的榜样。我国十三亿人要是变成了十三亿孩子，要是出来阳具坚挺的七亿五千万小男孩……

那也够恐怖的啦。

## 第五十六章　是谓玄同

知者不言，言者不知。

塞其兑，闭其门，挫其锐，解其纷，和其光，同其尘，是谓玄同。

故不可得而亲，不可得而疏；不可得而利，不可得而害；不可得而贵，不可得而贱。

故为天下贵。

真正有知识有智慧的人不会轻易说话，轻易说话的人并没有什么知识与智慧。

关门闭户，闭目塞聪，磨钝你的锐气，减少你与旁人的纠纷、分歧，调和五颜六色，认同于尘世的非绝对洁净状态。

这就是所谓的广大深厚的认同精神、尚同精神。

能够有这种玄同，即广大深厚的认同、尚同精神了，你就不可能被亲昵拉拢，也不可能被疏远冷落。你就不可能被收买利用，也不可能被陷害侵犯。你就不可能被提升尊贵，也不可能被贬低下贱。

能做到这样，就是天下最高贵、最有尊严的人了。

这一章特别强调所谓的尚同精神，不是求异而是尚同，这也是中国古代先哲思想的一个重点。老子一上来先谈言与知的关系。知者不言，言者不知，与孔子的『述而不作』，与禅的『不可说，不可说』，与西谚『雄辩是银，沉默是金』有异曲同工之妙。与尚同精神联系起来看，妄言（夸张、片面、空谈、吹嘘、为自我表现而多言）是产生分歧的一个原因。

当然我们也有另外的传统，即所谓学而不厌、诲人不倦的传统，灌输的传统，年年讲月月讲天天讲的传统。

闭目塞聪，和俗世拉开了距离，不会跟着俗世跟着时尚跟着风乱转。而挫锐解纷、和光同尘，则是对于人间（不管它有多少弱点、多少负面的东西）的和解，是一种对于俗世的亲和的姿态，而不是一味众人皆醉我独醒、众人皆浊我独清的孤愤决绝。

这里的前提是对于统一、同一的大道的承认。既然都是大道的体现，万物万象之间就没有不可调和的矛盾，就有共同性，就可能找到共同语言，就有可能找到和谐共存的办法。不论雅与俗，精英与大众，不同的族群，不同的宗教、

学派、文化传统……都有它的玄同而小异之处。

不可得而亲、疏、利、害、贵、贱，则是金玉良言，其意弥深，其格弥高，其言弥善。在那个政治动乱、风云震荡的时期，人因为外力、因为环境而忽为座上客，忽为阶下囚；忽拥黄金屋，忽成乞讨儿；天有不测风云，人有旦夕祸福；忽吉忽凶，命运难卜；处处被动，任人宰割，任人耍弄，太难自处了。老子的几个不可得，也太宝贵了。

不可亲、疏、利、害、贵、贱是什么意思呢？就是要稳定，要有一个稳定的环境，也要有一个稳定的精神状态，一个稳定的自我，然后才有大道的彰显，才有发展，才有一切的美好。

春秋战国时代的最大特点是不稳定。这个时候只能加强自己的定力、静力，认识到吉凶互转、福祸相倚的道理，看透外力与环境的非道性、非郑重性、非长久性，转化到反面的习性；看透外力与环境对你的亲近与疏远、予利与加害、提升与贬低的共同性：这个共同性就是扰乱你的清静理智，降低你的人格尊严，增加你的贪欲或恐惧，取消你的主动精神、主体性，使你用侥幸、用迎合、用躲避、用服膺、用作秀来适应环境，争荣防辱，趋利避害，思贵惧贱，实际上是摧毁了自己的道心道性道觉道力。你能抵御得住这一切，能够不受外力的亲疏利害贵贱的左右，就是至人、圣人、哲人了！

人之贵在贵于大道，而不是贵于亲疏远近荣辱得失贵贱祸福。这一点太重要也太难做到了。

老子说，做到这一点的人是天下之贵，是天下最高贵、最宝贵、最珍贵、最有价值的人。老子在谈到其他问题时没有用『故为天下贵』这样极度的褒语，可以看得出老子对于不可得亲疏远近荣辱得失贵贱祸福的境界的向往、推崇与提倡。

不是官大则贵，不是钱多则贵，不是名声大则贵，不是能唬人能吓人则贵，而是不可得而亲、不可得而疏、不可得而荣、不可得而辱、不可得而利、不可得而害、不可得而贵、不可得而贱最高贵。善哉斯言！尤其是不可得而贵则贵，太棒了。当一个人得而贵之的时候，因外力的捧抬而贵，也就是得而辱之的同义语。你认为某种力量可以给你增加高贵，那么这种力量采取相反取向的行为，不就恰恰可以侮辱你作践你毁掉你了吗？无欲则刚，无欲则刀枪不入、金刚不坏，也就是天下之至贵真贵了。

## 第五十七章　以奇用兵

以正治国，以奇用兵，以无事取天下。

吾何以知其然哉？以此：天下多忌讳，而民弥贫；人多利器，国家滋昏；人多伎巧，奇物滋起；法令滋彰，盗贼多有。

故圣人云：『我无为，而民自化；我好静，而民自正；我无事，而民自富；我无欲，而民自朴。』

以正道（正规、正常、正直之道）治理国家，以出其不意的非正规非正常手段用兵取胜，这都是对的。但真正要做更大的事情，要取天下，就得『无事』了。就是说，要以无为、少生事、简化为政手段取得天下的信赖。

我为什么说要这样治国用兵取天下呢？原因如下：天下的规则禁忌越多，老百姓就越穷困。人们的利器（奇货可

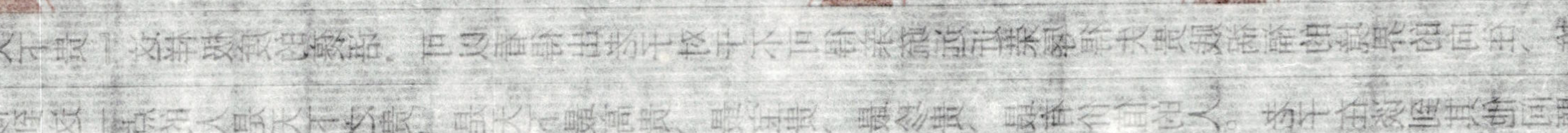
王蒙评说《道德经》系列

居的物品或有杀伤力的武器）越多，国家的政治就越昏乱黑暗。人的奇巧淫技越多，怪人怪事怪物品怪现象就越多（离大道越远）。法令越是严苛烦琐发达，作奸犯科、为盗为贼的就越多。

所以圣人说，我不做什么而民众自然有所教化。我好静（多一事不如少一事）而民众自然走上了正道。我不生事，不没事找事瞎忙活，而民众自然富足。我没有贪欲野心，民众自然淳朴淳厚。

老子并不是什么作为也不允许有，他主张以正道治国，以奇道用兵。这也很好。治国是对待本土的百姓，必须用正道，不能要花招、动计谋、搞伪装，闹什么出其不意。治国应该正正派派，端端正正，实实在在，光明正大。用兵则不然了，只有用另类手段，用敌人想不到的办法，用匪夷所思的怪招，才能取胜。这里老子甚至可以说有分清两类矛盾的含意在焉。

然而，正道也好奇道也好，都还是具体的道，是小道，是局部的道，而取天下，想统一中国，就要大道了，只有用无事无为的大道才能得到天下人的拥护信赖。

以无事取天下，听起来很精彩，很高雅，很智慧，很道德也很美丽。可惜古今中外这样的范例不太多，倒是有这种情形，两个能人争得一塌糊涂，难分轩轾，最后果实落到了一个不显山不露水基本无事无言无意图无倾向无人知晓的人手里。

反过来的例证倒是不少，有些多事之人、多事之君、多事之臣，他们的励精图治的多事足以坏事败家、亡国亡头。例如秦始皇，多大的能耐，多么有作为！统一六国，巡视四野，书同文，车同轨，修长城，筑阿房宫，整顿思想，

消弭兵器，图万世基业，却只传到了二世！

明朝的亡国自缢之君崇祯，也并非昏庸懒惰之辈，他素称宵衣旰食、心细如发、勤政罪己、增税除逆，他雷厉风行，清除魏忠贤等阉党势力，也曾被欢呼拥戴，却终于灭亡。

计划经济在我国当前形势下的不成功也说明了这一点。计划经济是何等辛苦，何等负责有为！在一定条件下计划经济并非一无可取，但是，这么大一个国家，靠一个计划来解决民生与发展国力的任务是不可能的。

事必躬亲的领导、不相信下级与百姓的领导、不允许下属有任何创意与变通的领导，必定是累死却不讨好的领导。刚愎自用的领导，是注定要失败的领导。

搬起石头砸自己的脚，从这个意义上说，老子提倡的无为取天下，还是有他的特殊见地的。

生活特别是政治中常常出现适得其反、泼油灭火的情况，老子早早发现了这一点：规定越多越过细，民生就越困难，百姓就越贫穷。各种财货宝贝越多，反而越是争了个昏天黑地。劳动者的技术熟练程度越高，不靠谱的事就越多。法令越来越严格，违法的罪犯也随着增多。

老子关于利器、伎巧、奇物、难得之货等的说法，拿到今天，倒是可以引申到另一个角度，即一个社会不仅要注意发展生产与效率，还要注意分配、社会公正与人民的教育，注意道德规范与应有的约束与自控。类似的问题，在任何社会任何历史时期都会有的。

老子关于法令越发达犯罪越多的发现，有颠倒原因为结果的问题。因为毕竟不能说法令乃是犯罪的诱因，不能说

技术是假冒伪劣的罪魁，也很难说利器，好用的或值钱的货物以至武器本身造成了昏天黑地的局面。忌讳多了使人贫穷，倒是容易说得通，因为你捆住了百姓求生存求富裕求消费的手脚。

但是这说明了一个更为深刻的问题，执政者的头痛医头、脚痛医脚往往不能解决问题，甚至会引发更多的问题。仅仅通过控制、管理、禁止、设防等手段，是达不到有效执政的目的的。对于没有把握的举措，宁可失之于少，不可失之于多；宁可失之于迟慢，不可失之于急躁、失之于轻举妄动。执政者应该研究更深刻更本质的原因，应该采取更多的治本的举措。例如法令太多或太少，都不应该是产生盗贼的原因，更深刻的原因应该从分配的公正性与百姓的教化程度、守法程度，以及执政者的身教状况即奉公守法状况方面去寻找、研讨。

无为，民自化；好静，民自正；无事，民自富；无欲，民自朴。这仍然是一个好理想。这与小政府、大社会，直到国家与政党消亡的理想取向是一致的。然而理想固是理想，现实则还达不到这一点。这也是令智者长吁、令恶性有为者、恶为者仍然肆无忌惮、仍然大有市场的原因所在。

## 第五十八章　祸兮福所倚

其政闷闷，其民淳淳；其政察察，其民缺缺。

祸兮福之所倚，福兮祸之所伏。孰知其极？其无正也。正复为奇，善复为妖。人之迷，其日固久。

是以圣人方而不割，廉而不刿，直而不肆，光而不耀。

你的为政比较粗线条，比较宽松放手，你的老百姓也就比较淳朴忠厚。你的为政过于苛细，过严过死，无所不至，你的老百姓也就狡黠难管和怨声载道。

灾祸正是福祉的倚靠，福祉正是灾祸的包藏。谁知道福祉与灾祸的终极标准与运转的根本规律呢？这里并没有绝对的正解指标。正常会转化为奇——诡异、另类、非正常。善良或善（擅）长会转化为妖魔邪恶、怪力乱神。在何者为正、何者为奇，何者为善、何者为妖邪的问题上，人们感到困惑迷失，已经好久的时间了。

所以说，圣人方正讲原则，但是不伤害他人；清廉严肃，但是不刺痛谁；直截了当，但是不放肆；光明朗悦，但是不炫耀自身。

为政苛细，明察秋毫，包揽一切，干预一切，这其实是一种极权主义的思路。是《美丽新世界》《一九八四》《我们》这三部著名的『反面乌托邦』小说系列所描写的令人毛骨悚然的社会生活现象。《一九八四》中描写由老大哥通过电视机带领全国人民做体操，而且他们的电视接收机具有监控摄像功能，任何一个人不好好做操，都会被惩罚。《美丽新世界》中所有百姓的婚配都由政府按照优生原则掌握，包括做爱，也是按照规定的时间表与要求细则进行。这样的问题其实早在《老子》中，中国人已经提出了自己的警告。

当然后两本长篇小说具有反苏倾向，其中的反共主义并不可取，但是作为小说，其不无夸张地描写一种其政察察的极端画面，是值得深思值得警惕的。

至于《美丽新世界》一书则描写了美国式的资本主义发展到极致，效率和科学都异化了，成了人生的对立物。它

的时间采用『福特纪元』，即自福特公司发明的生产流水线为新纪元的开始，这样的流水线摧毁了人生人性人道的最后防线。

其政闷闷的国家，例子不好举。但是我们有一些说法做法，可以参照。如讲放手，讲抓大放小，讲放开一批。再如把计划改为规划，讲调动积极性，讲相信人，讲宽以待人，讲宽松的环境，讲意向协议，讲模糊数学，讲掌握九个指头与一个指头的区别，讲和稀泥、捣糨糊、协调一下、必要的妥协，讲先搁一搁放一放、冷处理、不了了之、宜粗不宜细……

还有我们最喜欢讲的『基本上』『有一定效果』；还有『找他谈谈话』『安慰一下』『做点工作』，安排一个虚职……都不无其政闷闷的意思。相反，事必躬亲，事无巨细，无微不至，心细如发，对于修表、刺绣、精密仪器等行业的从业者也许是必需的品质，但是对于从政者、执政者、领导人来说，未必总是正面的特性。

按现代西方的行政理论，人们不仅应该懂得横向的分权，也应该懂得纵向的分权。该科长管的事，处长不要越俎代庖，局长与部长更莫不如此。胡适对蒋介石也提过类似的意见，他说美国总统艾森豪威尔在戴维营打网球，手下送来了加急电报。一份电报看了，艾说，此事应由国务卿处理，照打球不误。又一份电报来了，他说应由五角大楼处理，仍然照打网球。据说胡适的此文使蒋大不高兴。

其政闷闷与其政察察的分析中，我还体会到并且也从百姓的所谓淳淳与缺缺中，发展引申到高调与低调的意趣。闷闷，应该是粗疏的、相对低调的施政。作为施政者，你提出来的目标都应该是做得到的可操作的，即可兑现可

检验的。所以正常情况下，施政者的目标应该集中在民生问题上，因为民生目标是最少争议、最可以通过实践达到的。

而其政察察，则摆出一副全能全知的姿态，摆出一副历史从今天开始的姿态，必然会提出不切实际的目标，使执政施政过度地意识形态化、理想化、高调化、泛漫化、无边化。其结果只能造成过高的预期值，造成百姓的缺缺，或者解释为刁钻狡猾——这也是执政者教的。或者将缺缺解释为牢骚满腹，其原因是上梁不正下梁歪，造成全民的言行不一、大言欺世的恶劣风气。

我去过一些东南亚国家，他们那里也有严重的贪腐问题，但百姓的反应并不十分强烈，原因是他们的其政闷闷，绝不察察。他们执政的调子本来就不高，社会期待的标准也不高。

人当然有私心，这是他们的逻辑。这当然是不足为训的。但是它从一个侧面给人一个启发：执政者的号召政策调门过高，如动辄要求大家牺牲自身利益，舍己为人，其结果是百姓未必按你的高调行事，却以你的高调来衡量你自身，反过来对你的表现严苛评判，认为你压根儿就没有做到那个超级高标准，只能使你诚信扫地。

窃以为，还不妨将闷闷与难得糊涂的说法相联系。我们讲为政或管理要抓大放小，其意在于有精明也有糊涂，有管严管住的，也有其实管也管不了，不如适当放手的。

现代政治学有一个说法，就是说执政者要有一定的常规性。我不知其详。但我想，对于一个科学家、艺术家、明星来说，天才是大有助益的。而政治家过于天才型了，过于个性化、与众不同，想象力过于丰富了，创意汹涌而来了，也许并不总是对于治国平天下有好处。政治是大家的事，是日常的事。其政闷闷，也许比其政惊雷闪电、其政鲲鹏龙

王蒙讲说《道德经》系列

虎更好。

从闷闷产生淳淳，察察产生缺缺，老子把论述引向哲学层面，提出了关于祸福转化的思想。

有个『塞翁失马，焉知非福』的有趣故事。而在苏共二十大揭露了斯大林的某些错误后，毛主席多次引用老子的『祸兮……福兮……』的话来消除丧气，增加信心。

在我们的经典文化与民间中，表达类似内容的说法还有很多，如『满招损，谦受益』『吃一堑，长一智』『月盈则亏，水满则溢』『物极必反』『多难兴邦』『吃得苦中苦，方为人上人』『乐极生悲』『否极泰来』『置之死地而后生』等等，都是中国的先人在复杂诡谲的世事中得出的经验教训。它教给我们，看事物至少看两面，正面与负面，前面与背面，效果收益与损失危险。任何事物都不是只有一种解释、一种后果、一个方向的。

老子在这里是紧接着闷闷与察察的辨析而谈祸福的转化的。原因是闷闷看似不佳，却能使民淳淳。察察看似精明强悍，无敌于天下，却会使民缺缺。为政行事，切不可只看只想一面的理，而忘了另一面另一类另外的可能。下棋也是一样，越是不会弈棋的人越是只想着自己怎么走怎么出招怎么妙极，从不考虑对方会有什么回应棋局会不会逆转。

正化为奇、奇化为正的思想精彩。大清王朝自以为是正统，称孙中山等为乱党，后来民国成了正统，袁世凯、张勋等才是妖孽。蒋介石称共产党领导的人民为『匪』，而我们也曾称蒋为匪帮。斯大林曾称南斯拉夫铁托为叛徒、机会主义，我们后来又称赫鲁晓夫、勃列日涅夫为修正主义、社会帝国主义。后来又一阵风吹了，后来苏联垮台了……

再举个轻松些的例子，当我观看实力相仿的两个球队比赛时，一会儿你觉得优势在这边，一分钟后你又觉得优势

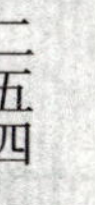

是在那边，谁胜谁负，谁正谁奇，这里有什么规律吗？是偶然的吗？有规律你为什么闹不明白呢？是偶然为什么行家又看出了那么多道理，出现那么多评论？看乒乓球赛更是如此，一球之争，胜也胜得飞快，败也败得偶然，一会儿是甲方主动，胜券在握，一会儿是乙方反败为胜，令你大跌眼镜。你永远不知道下一分钟下一秒钟，小小的一个黄球会飞到什么地方去。

这不就是『人之迷，其日固久』吗？老子那么早就发现了这个秘密、这个局呀。事物向着相反的方向转化，认识到这一点还不算是最困难的。困难在于你怎么样在你最困难、你被指责为『妖』的局面下，尽快扭转不利的局面，同时在你被认为是正是善的情势下，怎么样警惕与防止复化为『妖』、化为『奇』，怎么样防止至少是推迟再次进入逆境的时间表。

老子的这一段论述，同样包含着『道可道非常道』的含义，谁正谁奇，谁善谁妖，这都是可道的一时之道、权宜之道，不是常道。但同时，无常、人之迷日久、正化为奇、善化为妖……恰恰是常道——大道的体现，叫做认识其常者，非常道，认识其无常者，反而是常道。认定绝对真理的人常常掌握不住绝对真理，而认识到真理的相对性的人，却稍稍接近了一下绝对真理。这个说法是深刻而悲哀的。因为它有一种危险，颠覆一切判断、价值，造成世界末日式的混乱与崩溃。

当然，我们也不妨与老子辩论，这样一来，会不会走入相对主义的泥沼呢？会不会我们再无是非真假美丑善恶之辨了呢？那样我们岂不更蠢、更没有希望、更没有活头了吗？

这里，同样有老子等着你，老子的辩证法是没有尽头的，是『其为正也，莫知其极，孰知其极』的。所以老子早

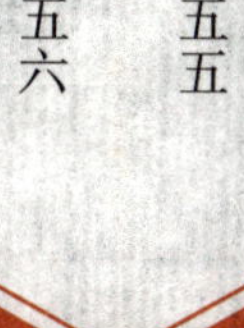

就预告过了，预警过了，后面还要讲『知者不言，言者不知』，还有『善者不辩，辩者不善』。用有限的文字语言讲说无限的大道，这本身就是不可能的，用『可道』来讲说常道，包括著述《道德经》，这本身就包含着自相矛盾的契机。这里有一个语言的陷阱：真理一经语言文字的表述，就变成了有空子可钻的东西，就变成了用语言文字不难宣称驳倒至少是不难煞有介事、振振有词地予以驳斥的东西了。用语言驳斥语言，是天下最轻松的游戏。任何一种语言，说到东就漏掉了西，说到冷就漏掉了热，用语言与语言抬杠，这是不费吹灰之力的事情。遇到成心抬杠、找别扭的人，一加二等于三也可能被此人驳倒。所以禅要讲『不可说，不可说』，孔夫子也要讲『述而不作』。老子做了，他已经不知不善了啊。

要掂量老子某些论述的含金量，不能仅仅从语言文字的释义上斟酌，还要从实践、从经验、从悟性、从审美去寻找探索对照。

至于『圣人方而不割，廉而不刿，直而不肆，光而不耀』的句式不能不让人想起孔子的诗教，所谓『怨而不怒，哀而不伤，乐而不淫』，所谓『温柔敦厚』『尽善尽美』。『某而不某』的造句句式，就是在提倡一种美德的同时防止它的过分，防止它极端化，极而反，走向反面。这也是一种道德理想，也是不能抬杠的。其实，方正了自然会伤害坏人小人伪君子；清廉了自然会刺痛腐败者行贿者市井庸人无赖；直截了当了自然会在得到欣赏赞美的同时受到反对。就一个掌权者来说，没有不提倡直言而提倡曲意奉承者的，然而翻开历史，到处是直言者们的血迹斑斑与阿谀奉承者们的飞黄腾达。说不定正是老子看到了上述的令人痛心疾首的事例才提醒方正的人注意不割——不割伤旁人，清廉者要注意不刿——不刺痛什么人，直言者不肆——别忘记了分寸。

光而不耀，则更重要啦。因为即使是圣人，也有不能免俗的时候，也有光耀一番的场合与场面出现，也有『春风得意马蹄疾』的表现的可能性。而另一方面，从根本上说，圣人应该是不耀的，没有光环的，也不可能经过认证与公民投票确认。

不应该有光环的圣人，结果一不小心有了一点点光辉，必然有人受不了。你已经伤害了旁人，你已经引起了厌烦至少是嫉妒了。不是吗？

同样是：孰能无过，孰能免祸？

因此，儒与道就都更加主张适可而止，见好就收。

## 第五十九章　莫若啬

治人事天，莫若啬。

夫惟啬，是谓早服；早服谓之重积德；重积德则无不克；无不克，则莫知其极。

莫知其极，可以有国；有国之母，可以长久；是谓深根固柢，长生久视之道。

治理百姓，侍奉上天（或服侍天年、奉行天道），没有比俭约吝啬更重要的。

能做到俭约吝啬，就是有了提前量与预应力。什么是提前量与预应力呢？就是重视积累与储蓄德性。重视了积累

与储蓄德性，就没有克服不了的困难障碍，就能稳操胜券。能够攻无不克，其力量也就永远没有穷尽，别人也不可能知道他的力量到底有多少。

有了无穷的与不可预知的力量，就可以保有与治理国家了。有了治国保国的根本与源头，也就能够长治久安了。这就叫根深蒂固，长生久视。

在大道这里，治国、平天下、事功与养生，是统一的，互补互通的。而不论是治国平天下还是养生与追求长生长寿，都要注意积蓄精力与德性，涵养性情，储存能量。

国人的传统认识是，强调节俭，反对奢靡浪费，诸子百家中绝无仅有提倡消费乃至提倡大量消费、高消费，享受人生的。中国人至今的储蓄率高于欧美也高于日本，高于中东国家也高于印度和东南亚，这是我们的一个文化特点与优势，当然也有不足。

这与中国的政治缺少多元制衡的观念有关。没有多元制衡，就有三十年河东，三十年河西，就有时间纵轴上的平衡。为了防止纵轴上的大摇摆，就必须提倡留有余地，毋为已甚，要吝惜自己的出招，要吝惜自身的付出，不能动辄搞他个声嘶力竭、倾巢出动、心劳日拙、鱼死网破，而要争取做到游刃有余、举重若轻、运筹帷幄、决胜千里。

这是因为，第一，作用力越大，反作用力越大。大道是讲究返回的，你不懂得啬，不懂得节俭积蓄，你就会受到大道的惩罚。整人者人恒整之，害人者人恒害之，骗人者人恒骗之，诬陷人者人恒陷之。为了多看几步棋，为了有提前量、准备金与预应力，你做事不可做绝，不可用力太过，不可太贪狠太恶毒太狂躁太过分。

第二，你与敌手对垒，最重要的是你要有后备力量。你要隐藏你的预备力量，慎用你的后备力量，咬牙坚持到最后，迟用你的后备力量。比如兵力武器，你用上百分之一的力量可以取胜的，绝对不可多用一分一厘，你一年可以取胜的绝对不要拖上两年。比如权力，你有一万个权力单位的，日常工作中用到千百个单位，已经足可以了。而有的人，一个弼马温，却拿着自己当玉皇大帝摆谱耍威风，这样的可笑的例子我见得多了。

第三，不论面对什么情况，你要考虑此一步，还要考虑下一步，你必须维持自身的重心与平衡。体育对抗中这样的情况最为明显，你的一个攻球动作，十分精彩，但由于用力太过，失去了重心与平衡，反而把球输掉。俭约才能平衡，俭约才能不倒，俭约才有长劲。所以这一章在讲啬的同时，一再讲长久，讲长生久视。

第四，老子的啬的概念，必须联系他的无为思想来思索。无为，尤其是不可妄为，不可过为，不可贪得无厌，不可绝对极端，不可亡命徒作风，不可砂锅砸蒜，一锤子买卖。老子提倡慎重，提倡留下回旋余地，提倡可持续行事治国事天养生，当然有他的精彩异人之处。

第五，反观万事万物，莫不是处于一个积累量变的过程。一个王朝垮台了，这是积累了一百年或几百年的结果，是大量的民怨、压迫、腐败、屈枉、胡作非为厚积如山的结果。即使末代皇帝励精图治，如朱由检（崇祯）那样，也回天无力了。一个新兴政权的胜利，也是至少积累了几十年，乃至此前的多少先行者的奋斗、理念、牺牲、厮杀，与己方的亲民、智谋、善用人等的结果。

中国百姓爱说一句话：积德。却原来两千多年前的老子已经讲积德了，积德之议源远流长，积德之记录应该说乏

善可陈。德不是现金，不是立即兑现立即出成果的。德是根本，需要的是积蓄积累存储；德是基础，需要提前挖好夯实填满，而且要有超过上层建筑重量多少倍的承担能力。『早服』就是积蓄，就是打基础，就是积德积攒积累。

民间的另一种说法叫做积怨，这样的例子比较多。

强调啬，就是强调积累，强调存储，强调余力，强调为政者与养生者的不可强努硬拗透支，不可吃光用尽拼完老本，不可放炮吹牛，不可动辄冲破天上九天。原因还在于为政者的一举一动都会是十倍百倍千倍地放大的。一言可以丧邦一言可以兴邦，这说的恰恰是为政者，而不是民间议论舆论。

啬的原则、节约与储备的原则对于做别的事也有启发与参照的意义。为政法、为外交、为工商、为文艺、为学术、为教育、为体育竞技等都有一个重视积累、节约、储蓄、后备力量的问题，都有一个可持续发展与为明日作准备的问题，都讲究一个厚积薄发、犹有余力、绰绰有余。

啬的原则对于奋勇争先、杀出一条血路来说是不够的，很不够。人生总不免要拼几次，要敢于全力取胜。但懂得了啬的原则，至少不会搞什么违反客观规律的大透支，不会去做那些个劳民伤财、自陷窘境的傻事了。

## 第六十章　治大国若烹小鲜

治大国，若烹小鲜。

以道莅天下，其鬼不神；非其鬼不神，其神不伤人；非其神不伤人，圣人亦不伤人。夫两不相伤，故德交归焉。

治理大国就像烹调小鱼一样。

把大道行使贯彻到天下，鬼怪邪祟也就没有什么可闹腾可神奇的了。不是它们不闹腾，就是它们闹腾起来神妙起来来劲起来，也伤害不了谁了。并不是神怪都一定不伤人，而是由于得大道的圣人不伤害人，圣人的大道帮助防护了人们不受神怪的侵袭。圣人不伤害人，神怪也不伤害人，双方一致，德性也就会合到一起去了。

『治大国，若烹小鲜』，这是整个《老子》中最奇突、最有光泽、最迷人、最令人拍案叫绝的千古名句。有这样一句话，其立言之功已经永垂史册。这是思想与语言的杰作，这是智慧与经验的异彩，这是出人意料的闪电惊雷，这是超常的令人一跳三尺高的命题！

再想想古今中外有多少学者伟人大师高峰，他们学问那么大、地位那么高，他们一生说过几句能给人留下印象、留下启发的话语？

有不少那样的人物，堂皇乎似颇有学问颇有见识者也，然而他的记录是零，是一句振聋发聩的话也没有。

我要说，少年时代，我就是看到了这一句话，产生了我对《老子》的兴趣与折服，使我觉得一部《老子》令人终身受用不尽！

何必求解？即使不解、不求甚解、无定解……这句名言也已经脍炙人口，已经魅力四射，已经发人深省，已经家喻户晓。

老子对于人是有帮助的，就说此言的理念、信心、境界、气魄、雍容、大度、潇洒、幽默、深邃，够我们学一辈子的。

这段话有详细具体的注解，如说烹小鲜不能来回翻动，不能去肠、去鳞、不敢挠……（参考河上公说，转引自傅佩荣《解读老子》，线装书局2006年版）我假设这些注释都是对的，谢谢前贤。然而，对于我来说更重要的不是烹调小鱼的细节与注意事项，不是烹小鱼要领规程，重要的是这种治大国的游刃有余、举重若轻、平常心、有把握、舒舒服服、笑容满面的精神状态、精神境界。这不是技巧性条例：如不得翻动五次以上、不得放调料五钱以上或火候太过——煎炖四分钟以上，或至少要翻动两次……这是大道，这是胸怀，这是人生观、世界观、政治观、价值观，这是本体论也是方法论，这是修养也是人格，这是姿态也是灵魂。这是治国平天下的一种智慧和美，一种领导人风度，一种形象思维，一种直观体悟，一个超级发现。

读完治大国若烹小鲜，你不能不大喊一句：『亏他想得出！』

有时对一个名言名文的注释太清晰了，反而不是最好的理解方式，也就是说：世人皆知明白之为明白，斯不明白矣。

白居易的『花非花，雾非雾。夜半来，天明去。来如春梦不多时，去似朝云无觅处』写得何等好啊。某晚报上登载，一个保姆看到此诗后便说，这是谜语，谜底是『霜花』。真是天才的保姆！用霜花解释《花非花》，天衣无缝。然而，这位天才的保姆从此也就杀死了白居易的词。

天才的解谜语者，同时难免不成为文学的刽子手。

让我们保留住初读『治大国若烹小鲜』时的惊叹与激动吧，保持住那种对于精彩的思想的新鲜感、折服感乃至困惑感与神秘感吧。不要把它解释得太明白、确定、技术化了吧。即使笼统地解释为『不多事琐碎也』（明末清初学者

傅山所解），也仍然觉得未免简单化了老子的名言名喻。

因为古今中外，再没有人把治大国看得那么轻松、平常、小巧、愉快、轻松，乐在其中，妙在其中，道在其中，趣味在其中了。国人的说法多么可爱，叫做『举重若轻』——由于大道，由于精湛，由于信心，由于不急不贪不私不争，世上又有什么能把人压趴下的重量呢？

法国一位总理曾对中国领导人说：『法国六千万人口就把我们（政府）折腾个不亦乐乎，你们这么多人口，无法想象你们的工作啊。』

这位法国政要的感觉是，治大国如活鱼接受清蒸或者红烧，他能有若烹小鲜的快乐吗？

他只有被烹调的痛苦。

做事情是苦熬苦忍、惨淡经营更出活儿，还是乐在其中、美在其中更有效呢？

比如割麦子，越是力巴头越会是咬牙切齿、瞪眼撅腚、气喘如牛、汗流如雨。而劳动模范呢？他会感受到快乐。

前些年曾经有过关于快乐足球的辩论。足球踢得好当然是充满快乐的，又不仅仅是快乐，因为比赛中还有惊险，还有失败，还有伤病……只有故意抬杠者才由于有后面那些东西就否认了足球的快乐。

某种意义上，踢好足球并不比治好一个大国更容易呀。看看媒体，令我们相信许多大国都治理得不错，至少都认为自己治理得成功、治理得英明，但他们的足球不怎么样，甚至是一塌糊涂。

那么，做一些难事大事，而若烹小鲜，你有这个气魄吗？你有这份闲心吗？你有这种艺术感觉吗？

我们看看某些人，办一点事，暂时负上一个县一个市一个局一个部一个科的责任，就那样一惊一乍，大呼小叫，天天告急，时时呼救，事事急赤白脸，不是若烹小鲜，而是若身陷鳄鱼的利齿大口，真是痛苦死人，也笑死人、丑死人啊。

与此同时，烹小鲜又包含着小心翼翼、不急不躁、戒轻率、戒乱来的意思。小鲜嘛，不要大折腾，不要大火大烧，不要过度加工过度炮制。你很难找到别的例子，能表达出既是轻松愉快、得心应手，又是适可而止、慎重稳妥的要求。

我有时候还进一步推敲，为什么是烹小鲜，而不是养小鲜呢？从审美和情趣的观点来看，不是养小鲜更灵动一点吗？也许烹小鲜的说法更加世俗化、生活化、操作化？如果是饲养小鱼，个中包含的问题并不仅在于人的操作方面，还有鱼的品种问题，水、空气、温度等环境方面的问题，并不是你操作对了鱼儿就一定活得好。老子宁愿用家庭中的小小炊事作比喻。

底下的一大段话我以为最好与烹小鲜联系起来理解。用烹小鲜的沉稳、慎重、余裕与把握治国理政，也就是把大道带到了天下。有了圣人带来的大道，带来的早服、积德、余裕、忠实与信心，一切妖魔鬼怪、邪教迷信、巫婆神汉、怪力乱神、装神闹鬼，也就不起什么作用了。归根到底，神鬼作乱是人乱的结果，是人缺少自我控制的结果。圣人不伤人，牛鬼蛇神也就伤不了人。反过来说，如果一个国家闹鬼神伤人，一定首先是这个国家的帝王将相、圣人贤人先胡作非为，乃至借助神鬼去吓人唬人，是他们自己已经先伤了人。

而做到了若烹小鲜的人，做到了不慌不忙、不浮不躁、不吹不叫不吵不闹不翻天覆地的为政者，他们的平和带动了天下的平和，他们的稳定推动了天下的稳定。鬼不神奇，神不伤人，圣人不伤人，就是说不伤这种平和与稳定，岂不天下太平？

至于说两不相伤，德交归焉，这再次表现了中国的尚同、注重同一性、统一性、本质的一元性的思想方法。圣人与大道一致，鬼神也与圣人保持一致，于是大家都与大道一致，与婴儿、与水性、与大德、与朴呀真呀淳呀冲呀虚呀静呀什么的，都一致了，都进入了永恒的最佳状态。

以道统领庶民，同样也可以做得到以道统领鬼神，道以制神，道以亲鬼神、和鬼神、安鬼神、平鬼神。老子的有关思路独一无二，令人击节赞叹！

（他不讨论迷信与非迷信的问题，他也是『六合』——三维空间——之外，存而不论。承认它的存在或虚幻存在暂时存在，同时以道统领引导之，至少是使之不为害。这应该说是一个聪明的选择。）

按照中国式的思想方法，德与德相亲，道与道相近，圣人不伤人，鬼神也就不伤人了，圣人有德，其他各种力量也都有德起来了，叫做物以类聚，人以群分。这样的烹小鲜的结果，这样的互相无伤的结果，是汇集了天下的有道无伤之士之理之物质与精神的资源。妙哉斯论！理想啊，这样的大道！反过来说，如果一个侯国的侯王、臣子、士人乃至于圣人，自己折腾，动辄伤害他人，那就不仅是他们几个人乖戾伤害的问题，而是妖魔神怪一起上，各种恶斗、伤天害理、灾难混乱一起上，不是德交归而是怨交归、恨交归、伤交归、祸交归焉。

## 第六十一章　大国下小国

大国者下流，天下之交，天下之牝。牝常以静胜牡，以静为下。

故大国以下小国，则取小国。小国以下大国，则取大国。故或下以取，或下而取。

大国不过欲兼畜人，小国不过欲入事人。夫两者各得其所欲，大者宜为下。

越是大国，越要把自己摆在相对低下的地位。它提供的是天下的会聚、交往、来往与合作。它发挥的是天下之（阴户的）雌柔与繁殖的功能。雌柔常常由于自己的被动与平静而胜过（阳根的）雄强，而在与雄性的交合中处于主动地位。通过平静保持低下——谦卑，或者也可以理解为通过低下与谦卑保持平静与长性。

大国如果能对小国谦卑礼让低调，它就能从小国身上得到好处。小国如果能对大国谦卑礼让低调，它就能从大国身上得到好处。也就是说，不是因欲获取而谦下，就是因谦下从而获取。

大国不过是想收拢容纳更多的人口人心人气，小国不过是想参与并受到容纳与尊重。能做到这样，双方都可以得到自己需要的东西，但大国尤其要注意谦下。

这一章讲那时的诸侯王国，特别是讲对大国外交的设想与意见。

中国是世界上最注意提倡谦虚逊让的一个国家。这与中国自古以来的泛道德论、修身齐家治国平天下论、将人格修养人格力量置于万事之首的传统有关。这同时也与重视政治斗争、政权争夺的社会政治人文传统有关。越是争斗得厉害，就越有必要强调谦虚，以团结更多的人，以争取聚拢人气。这也是相反相成。

这里将谦卑礼让原则的奉行放到大国与小国的关系上来论述。

越是大国越要谦卑礼让低调，要处在下位，成为天下的阴户，才能起到会聚天下、合作天下、交融天下、集拢天下的作用。这里老子通过雌雄性器官的交媾功能体会到雌性器官的居下而更上乘，柔软而更坚强，静候而更长久，被动而更主动的深刻哲理，与老子一贯提倡的知其雄守其雌的主张一致。

（老子的时代那么推崇雌、阴、牝，毫不避讳，毫不扭捏，不知后世为何吃错了药，竟那么歧视女阴，乃至视为不洁不祥不正的凶物秽物。）

春秋战国时代，老子显然对于性事还没有那么多禁忌，他不断地用牝牡之合之区分之特色来讲述大道。包括他的橐龠的『虚而不屈，动而愈出』，还有『玄牝之门，是谓天地根。绵绵若存，用之不勤』，都有借性说事的色彩。

本来嘛，注意到水的向下与婴儿的纯洁柔弱的道性的老子，喜欢追问起源与本初状态、具有一种本初主义倾向、原道旨主义倾向的老子，不会不注意最神奇最伟大最重要的人的生命的源起，注意形成婴儿前的更加本初的男女交合，并从中寻找大道的解读。倒是后人，注释时一定要把牝呀牡呀抽象化、『扫黄』化，把它解释得文绉绉、玄兮兮，高度清高反而更糊涂了。

大国谦下才能取小国，这话有点可怕，它给我的印象甚至是大国谦下才能占领或占有小国。小国谦下才能取大国，我也觉得玄乎，似乎是小国谦下了，就能以小胜大，把大国拿下来。但老子的意思却非如此，老子是理想主义者，是希望创造天下的和谐的。他把大国的要求定位于『兼畜人』，取得更多的人口人心人气人力；把大国的作用定位于『天

# 第六十一章　大国者下流

大国者下流，天下之交，天下之牝。牝常以静胜牡，以静为下。

故大国以下小国，则取小国；小国以下大国，则取大国。故或下以取，或下而取。

大国不过欲兼畜人，小国不过欲入事人。夫两者各得其所欲，大者宜为下。

下之交，天下之牝』，用今天的话来说就是为天下提供更多的服务。大国的最高志愿是做天下的阴户，这实在不能说多么具有侵略性与霸权主义。

他又把小国的要求定位于『人事人』，是参与和存在的保证，这是有道理也有难点的。难点就是贪欲，就是大国对于小国的领土与主权的觊觎，是小国对于大国的提防与利用大国间的矛盾以求自保以求占便宜的动机。同时，大国间的矛盾会使小国夹到当间，于是为了争夺对于小国的影响，大国间说不定会火并起来。大国一旦火并，夹在中间的小国就更难受了。春秋战国期间不断地发生会盟、联姻、结好、交恶、战争、政变、屠杀，在这样的情势下提倡雌柔谦下，第一，非常有针对性；第二，非常不具有可操作性。

相对起来，大国还好操作一些。大国之大，只是相对的。大有大的难处，大了难掌控，难团结一致，难转弯，难调众口，国越大破绽越多，软腹部越是随之而大。国越大越会成为众国的批评攻击对象，越是会引起普遍的不安与疑虑，例如如今美国的处境。许多大国不是败在敌国手里而是败在自己的混乱与分崩离析上，例如苏联。大国应该认识到自己的短处、危险处、软弱处。大国同样有求于小国，有待于小国的友谊、信任、支持、善意与以诚相待。大国主动做到谦卑礼让低调，应该是可以做到的，但又常常是做不到的，因为大国太气盛，大国容易犯单边主义的错误。

那么小国更不应该强硬咋呼。小国更需要大国的友谊、帮助、尊重与合作。小国敢于大闹天宫的不多见，但也不可小视。小国如果采取正确的政策与态度，如果掌握了大道，也有可能做出奇迹。

两者各得所欲，不容易，然而理想。这里老子已经表现了双赢的思路，而不是非此即彼，有你没我的『零和』的

唯一选择。这是老子的政治理想主义的可贵之处。

大者宜为下的说法很精彩，而且此处说的是大者，不仅是大国，人物、集团、公司、流派、学派、军队都应该注意大者为下。越大越要谦虚谨慎。回想新中国成立初期共产党对于各民主党派的礼遇，对于非中共人士的尊重，例如毛主席亲自到北京站接宋庆龄；再如二十世纪六十年代中国对于朝鲜、阿尔巴尼亚与柬埔寨的关系，似乎都有老子的传统教诲在起作用。

大者难免骄气、傲气、霸气，大者难免恣肆、轻忽、随意、妄言、妄动，这些都是值得从老子的论述中深思的。

反对霸权主义，深挖洞、广积粮、不称霸，永远做第三世界国家等——我们提出过有的至今仍然坚持着的主张，除了外交与国家利益上的考虑以外，是不是也有思想文化上的传统在起作用呢？

## 第六十二章　道为天下贵

道者万物之奥。善人之宝，不善人之所保。

美言可以市尊，美行可以加人。人之不善，何弃之有？

故立天子、置三公，虽有拱璧以先驷马，不如坐进此道。古之所以贵此道者何？不曰：求以得，有罪以免邪？故为天下贵。

大道是万物的深秘与奥妙所在，是善人好人的自然的宝贵与宝贝所在，又是并非那么善良美好的人之不那么自然

的保持与保有，也是后者的赖以生存与保有——得到保护的依据。

美好的言语，可以赢得尊敬；美好的行为，可以为自己加分。一个人不够善良美好，这并不是予以抛弃的足够理由，也不具备该人与大道无干的含义，为什么要抛弃他呢？

不论是天子继位，还是封赏任命三公，与其双手捧献上美玉宝马，不如献上这种比一切美好更美好的不离不弃的大道。为什么自古以来众人都珍贵大道呢？还不就是因为大道能帮助你心想事成，有了过失罪过也能避免灾难吗？大道因此是天下最宝贵的东西。

这里讲大道的功用与价值，讲大道的普遍有益性与适用性。或将『奥』解读为『庇荫』，想来是有根据的。然而，问题在于，大道与万物的关系不是外物与万物的关系，不是一层皮包围着或保护着万物的关系。大道是万物的起源与本质，是万物的始祖——母亲，是万物赖以存在的道理即究竟，是万物的核心。与其说是大道包围着万物，不如说是大道是深藏于万物的核心，不如说万物是大道的下载，是大道的功能与效用。

我愿意相信，古汉语中『奥』具有庇荫的含义，问题在于老子的观点是不是大道具有庇荫的作用。这里需要花力气讨论的不是一个汉字古词，而是一个论点。我们的古代经典解读常常会因字忘义。

对于懂得道、自觉地与道一致、守护并贯彻道性的善人来说，大道是他们解决一切难题（前面说过『无不克』）的宝贝。妙就妙在即使那些不懂大道，有时行事无道非道的资质较差、德行较差的人，他们的命运、他们的存在、他们的得失也是离不开道的。他们的不尽如道意的情况，本身就是大道的体现。大道并不使人同一面，心同一心，大道注定了智愚、

贤不肖、美丑、善恶、寿夭、正奇、治乱……各种相反相成的对立面同时存在与互相转化。它们的存在本身就是大道的证明、大道的效用、大道的功能、大道的活力。

无限的大道是接近于完美的，然而也是不存在完美的概念与标准的，谈不上完美或者不完美的。自大道而生的万物，则各个是有限的，是完全不可能完美的。

大道本身就不是单向的、一面的、扁平的。大道本身教给我们有无相生、难易相成、善恶相伴、美丑相形、贤与不肖相随，万物都同时伴随着对立面或向对立面的转化。你尊道贵道悟道学道行道如道得道，当然很好。同时人有贪欲，有骄傲，有浮躁，有自命不凡，有其政察察，有不智而又多言，有好勇斗狠，有自取灭亡的种种弱点毛病。这些毛病弱点的必然发生与不幸后果，或者说是这些弱点毛病的得到教训与惩罚纠正，都是大道的体现。非道无道逆道背道而驰者的一切表现，都是大道实现自身的一种代价，是大道的反面教材，是大道对于人的警示。

同样的背道而驰者，有的由于一意孤行而自取灭亡，有的由于及早醒悟而面貌一新，终得自保，有的由于最后终于进入道境而无限光明、无不克，这都是大道的必然、大道的效用。这体现了大道的丰富性、功能的立体性、多用性。不善人之所保云云，是双向的保有与保持。不善之人仍然未将道意泯灭干净，仍然有觉悟与转变之可能，叫做仍然保有向道的契机。而同时，大道保有着一切，引导着一切，启发教育着一切，包括不善者。

下面讲可塑性可逆性可作为性。既然美言可以赢得尊重，美行可以给人加分，不善云云也是可以通过自己的美言美行来改善的，不必抛弃不善者，道体万物，道泽万物，不论善与不善，这正是道的伟大包容无弃无敌至高至德之处。

在这个意义上说道有庇荫之用，当属不差，但这是道的比较不那么重要不那么本质不那么关键的作用。

但是，你过于强调了道的有用，道能使你求以得，祸以免，心想事成，免灾消难，既宝且保……这太好了，但也太实利太通俗太简单化了，太亲爱温柔甘甜润滑了。

讲智慧与效用，讲宝与保，讲夫唯不争故莫能与之争，讲后其身而身先、外其身而身存，讲将欲取之、必先予之，不怎么讲献身与德性，不讲舍身饲虎（佛教）与背起十字架（基督教），就是说强调奉献不足，这是道教在彰显德性上不如另外的某些宗教的原因。等而下之，大道有时被认为是兵法直至阴谋，其原因亦与此有关。

求以得与罪以免，本来很好。但太好就与前面老子庄严宣告的『天地不仁，以万物为刍狗。圣人不仁，以百姓为刍狗』不一致了，这两个『不仁』与两个『刍狗』是何等振聋发聩，天门洞开，一身冷汗！

你身为刍狗，还要『求以得，罪以免』，还要心想事成，消灾免祸，岂非痴心妄想！

《老子》的第三十八章至第八十一章共四十四章中又有极精到的论述，如关于一二三，关于失道而后德，关于治大国若烹小鲜……所以我倾向于（是思考的结果而不是考据的结果）怀疑这后四十四章的情况复杂，混有一些非原文的东西。

或者，如果并不存在这样的可能，那就说明了老子的思想的非单向性、复杂性。老子的学说并非珠圆玉润、百无挑剔。

那么求以得、罪以免是不是就全无是处呢？当然不是，真正求道得道的人，应该算是圣人吧，他自然不会贪得无厌，求其不能，求其无道非道，求其逆天害人。用道来规范选择自身的所求，这是得的保证，就是说你可能得到的是合乎大道的东西而不是违背大道的贪欲。他至少已经得到了与大道一致的恢弘与虚静，得到了尊重与加分。而罪以免呢，当然也不是说他会无恶不作，他至多是悟道悟得比别人慢一点迟一点，他宝贵珍视的仍然是道。有这点道心道性向道之意，不论是求还是罪，都比坚持无道、背道而驰好得多，这样讲就完全是真理了。

## 第六十三章　味无味

为无为，事无事，味无味。

大小多少，报怨以德。

图难于其易，为大于其细。天下难事必作于易，天下大事必作于细。是以圣人终不为大，故能成其大。

夫轻诺必寡信，多易必多难。是以圣人犹难之，故终无难矣。

行无为之为，做无事之事（或服务于无所服之务），体验无滋味之滋味。这就是大道的品味。

什么叫大？什么叫小？什么叫多？什么叫少？不论是大还是小是多还是少，反正我要以德报怨。

准备做一件困难的事，先从其中较容易的部分做起。做一件大事，先从它的比较小的细部做起。天下一切艰难的事情，都是从一件件较容易的事情做出来、做成功的。天下的大事情，都是从一件件细微事情做起的。所以圣人不去与伟大认同，不觉得自己大，才能成就大事，成就伟大。

轻易地做出允诺许诺，轻易开支票，必然缺少信用。把事情看得太容易了，必然会碰到意想不到的困难。所以越

是圣人越会把事情看得困难一些，而对于困难，如果做足预想、预案与准备，事物反而没有那么多困难了。

为无为，事无事，这仍然是在『无』字与『不』字上狠下工夫，使自己不上当，不入陷阱，不进圈套，不中计谋，不搅局，不被搅，不伸手，不混进或钻进蝇营狗苟的行列，不适得其反，不用力过度，不斤斤计较，不鼠目寸光，不苛细烦人，不啰嗦琐碎，不轻举妄动，不枉费心机。这个意思极好也极有帮助。

可以说我的七十余年，就是在干扰与不受干扰、闹腾与不想闹腾、美梦与不必太做梦吃肉包、扬扬得意与何必扬扬得意的张力中度过的。幸亏我有那根弦：无为的弦，无事的弦，拒绝人际纠纷、拒绝拉帮结派、拒绝青云直上、拒绝大言欺世、拒绝装腔作势、拒绝跟风起哄的弦，我才能有今天，我才基本上是我自己，是我愿做的自己，而不是成为我最最痛心的那种政治与官员混混或骗子，也不是那种文学文化巫师、无赖、骗子。

我对我自己大致满意。不是满足，不是得意，不是晕菜，不是膨胀与自吹自擂，我满意的就是在弄不清究竟与就里的时候，我宁可选择无为、无事、无味。

让我们讨论一下，一个人的志向有高低，寿命、体力的本钱人与人不同，才具有大小，成就有不一样，机会命运有通蹇，命运的许多因素是个人无法选择的，是无劳个人过于费力吃劲的，那么，人的选择主要表现在负选择即不能干什么不能成为什么样的人的选择上。

我们不希望自己成为坏人，卑鄙的人，害人害己的人，骗子，恶棍，气急败坏者，挑拨是非者，一脑门子官司者，告密者，政治投机者，腐败分子……简单地说，每个人都有自己最不喜欢最感厌恶最感作呕的人。你无法完全摆脱这

样的人，你不得不与这样的人周旋，然而，你至少可以，你绝对必须使自己不成为这样的人。

就是说，不能因为有阴谋家暗算你，你也变成阴谋家。不能因为有谎言家欺骗你，于是你也说谎。不能因为有人搞了小集团排斥你，你也拉出一支小队伍。

所以老子后面紧接着讲的就是以德报怨。宁可被阴谋陷害、被谎言陷害、被宗派陷害，自己死也不搞这些下贱勾当。这些，做主在我，我必报应，我们自身就可以决定，自身就可以负责。

对于某些恶性选择、恶性命运，我们只能说『不』，叫做断然拒绝，只能威武不能屈，贫贱不能移，富贵不能淫。你有千条妙计，你有万般诱惑，你有百种高压，我就是一个『无』字等在那里，死顶在那里。我们不要忘了那个军事用语：顶住！遇到这种情况，我们必须为无为、事无事、味无味，否则就是浑蛋，就是该死，就是背叛了大道和人生，背叛了众生和自己。

味无味，这句话对于我颇有新意，在《老子》里亦算鲜见。无味、枯燥无味、淡而无味、自讨没味……本来都是贬词，这里的味无味却是褒语，是极大极深极不平常的褒语。

不能不想起来，在我暂时处于逆境的时候，友人赠我以黄山谷的诗。诗云：『外物攻伐人，钟鼓作声气。待渠弓箭尽，我自味无味。』

确有这种妒贤嫉能的外物、心胸狭隘的外物，他们想尽办法整你，也拉出一个小小的打击乐班子，钟鼓齐鸣，制造声势。而你呢，应该坚壁清野，不予出战，不予理睬，静待浑水沉淀变清，等到他的子弹用光了，你静静地在一边

品尝那个无味之味的恬淡悠长吧。

老子喜爱无为无事，也推崇无味，我想这与老子推崇水有关。水是无味的，空气也是无味的，水与空气却是最最养人的，最最须臾不可离弃的。

无味之味才是最高的味，因为它恬淡高雅，清洁透彻，营养生命，可持续享用，可帮助你洁身自好，却不引诱贪欲，不刺激也不麻醉神经，少有因过度使用而产生的副作用。越是低级的饮食，往往会越发刺激，而高档的东西反而会显得淡而无味，茶酒菜肴都是这样。文学作品也是这样，许多伟大作家，都经历了一个从奇花异彩、从挑战性、从惊世骇俗到恬淡自如的发展过程。我曾有句云：『文心宜淡淡，法眼莫匆匆』，我说的是那种自以为太优越的文人绝对不是第一流人物，就像老作家所说的『最高的技巧是无技巧』。即使是最最绝妙的技巧也不如那种你在阅读当中根本不会感到作者的技巧的作品，后者给你的只有真情、灼见、天才与道德责任、道德正义。尤其在一个争夺、钻营、浮躁、战乱频仍的环境中，你能做到无为、无事、无味，那简直就是圣人嘛。

一方面是治大国若烹小鲜，一方面是圣人犹难之，这是自相矛盾的吗？有一点，老子此前已经强调，难易相成。难之则易——有了对于困难的充分准备与对策，即可化难为易。易之则难——只有对于一帆风顺的准备与对策，本来很容易的事也变得难做难成了。所以他此章讲的『圣人犹难之』的结果是『故终无难矣』，很好。烹小鲜的另一面，也是难之，充分地经受困难的考验。同时正因为难之，才若烹小鲜，而不是胡作非为，如抡大锤，如砍大斧。

有了无为无事无味的境界也就不会厌倦平凡与细琐，因为一切艰难的大业的完成都是从完成一点相对容易的小事开始的。这个观点与欧美人、欧美文化传统完全一致。老子既讲玄奥深邃高妙弥漫恍惚的大道，也讲小事易事，他从来不把大道与细易对立起来。他的大道不是反人生反日常反平常心的，而是贴近日常贴近生活贴近操作贴近做事贴近可行性的。这样的大道，上至宇宙永恒，下至一草一木，都是一致的、互通的、愉悦的与智慧的。体悟这样的大道，同样也可以从易处从细处做起，从戒贪做起，从戒大言做起，从戒为人为政的苛细上做起。每日每时每刻，都有大道可知可循可依可行，这样的快乐与踏实，是多么宝贵呀。

我们同时遗憾地看到，一些忙于『务实』的人，忙忙乱乱，焦焦躁躁，物欲得失，心劳日拙，已经或正在被人生、人群、人事所淹没。而一些读过点书的人，自命清高，从书本到书本，空对空，百无一用。唉！

不妨一面阅读此章一面向自己发几个问题：

一、你会从一些小事易事做起，走向远大的目标吗？

二、你有一种自信或者原则，坚持你所认为的宝贵的一切，你的不可或失的原则吗？

三、对于一切可能的困难，你有足够的理解与准备吗？

四、你有没有过轻诺寡信的记录？你能不能克制你的轻诺（随意许诺）的毛病？

五、你有过几次以德报怨的记录？有过几次以牙还牙的记录？有过几次气急败坏而又还不了手的记录？你为什么硬是做不到以德报怨？

六、你能做到不该为的时候无为，不该生事的时候无事，甘居平常，体味平淡，并从中体悟出人生的真味、大道的真味吗？

## 第六十四章　未兆易谋

其安易持，其未兆易谋。

其脆易泮，其微易散。为之于未有，治之于未乱。

合抱之木生于毫末，九层之台起于累土，千里之行始于足下。

为者败之，执者失之。是以圣人无为故无败，无执故无失。

民之从事，常于几成而败之。慎终如始则无败事。

是以圣人欲不欲，不贵难得之货；学不学，复众人之所过，以辅万物之自然而不敢为。

情势安定了就容易保持、持续；事件还没有要发生的预兆，就容易防止。或是事物发展的趋向还未定规，就容易策划。脆嫩的东西容易化解，微小的麻烦容易消散。在一个过程未成形未出现以前容易对之有所作为。未出乱子、未闹腾大发以前，容易予以治理与恢复秩序。

一个人抱不过来的大树最初也只是细小的树苗。九层楼台也是从地表上的土方活计开始。上千里的路程也是从脚下出发的。

你刻意有所作为，反而容易失败；你刻意抱持不撒手，反而容易丢失。而圣人，不刻意追求什么，也就不会失败；不刻意把持什么，也就不会丢失。

老百姓做事，常常是已经快要做好了的时候，反而失败了，所以说要慎终如慎始，像开始时一样慎重地对待事情的最后阶段，也就不会坏事了。

所以圣人的愿望是自己没有愿望。圣人不珍贵也不追求难得的商品货物。圣人希望学到的是没有多少知识与学问的状态。这样，圣人才能弥补（承担）众人所犯的过错。圣人希望的是万物自行演化发展，而自己不要轻举妄为。

这一章乍一看似乎有自相矛盾的地方。它讲了持，讲了谋，讲了为，讲了治，讲了生，讲了起，讲了行与始。这些都是有为，不是无为；都是有，不是无。当然，它紧接着又讲无为，故无败；无执，故无失。然而再接下去却又是慎终如始，则无败事。其实按照老子的独特的思路，把持与失落，谋划与不谋、无谋，为之于未有与无为、不为，生与灭，起与落（建筑与倒塌、垮台），千里之行与就此而止，本来不应该有什么计较，而且是后者——灭、落、止等更根本更重要更近道。

由此可以看出，无为也并非绝对。刻意的为不可取，刻意的无为也不可取，刻意无为等于是一种矫情的为，一种费力的为，一种勉强的作秀。

这一章老子所讲的重点恰恰是为，而且要早为，要为于事物的萌芽状态，要有预见、有提前地为，而且要为到底，不但慎始而且慎终。

但老子的为，是以无为为前提为基础为主心骨的为，是说在为时更要想着无为的道理。讲话时要时时不忘不讲不言的好处与及时打住的必要性。下命令时要想到不下令而能使之正常做到的可能性，从而减少可以不下的命令，要做到可下可不下的命令一律不下。争执时要想到没有比争执更不可取的了，不妨再看一看等一等，适当多保持一点沉默寡言。加班时要想到减少劳碌的好办法，并且要认定加班绝对不是提高效率的可取途径。预定一个什么目标的时候要想到这一目标的无意义处与不可能、不易做到处。有所期盼有所要求有所愿望时，要想到此期盼、此要求、此愿望很可能是竹篮打水一场空，如果能控制和取消这样的期盼要求愿望，自己将更加主动优越，立于不败之地。即使只是生了病去看医生，也要明白，遵医嘱服药打针的同时，要有听其自然、尊重生命的规律的豁达、沉着与平和。做到这一步，几近道矣。

这里还有一个原因，为与有的必要性是不需要讲解与讨论的。一个人活在世上，有欲望、有冲动、有需要、有珍贵、有谋划、有目标、有喜有不喜、有爱有不爱、有乐有忧、有怒有喜、有紧张有放松，这些都不需要讲解宣示。难得的是能看到下一步，看到欲望的后面有贪婪的陷阱，冲动后面有自取灭亡的危殆，需要的后面是更大更不靠谱的需要，谋划后面是进入迷魂阵与盘丝洞的自我迷失，目标后面是无聊的不得满足，喜与不喜的后面是自欺欺人，忧乐后面是自我捉弄，怒与不怒后面是一笔糊涂账。看到这一点绝非易事，看到了也会被浅层次的魅惑所『拿住』，使自己昏心迷窍，不得解救。

所以这一章中，老子既讲了提早为之的必要性、慎始慎终的必要性，有所预见有所先知的必要性，同时最终讲的

仍然是无欲、无贵、不学、复过（弥补与承担众人的与自己的过失）、不敢为的重要性与主导性。这里的老子，虽然略显极端了些，却含着大量的救人济世之心，不可不察。

老子主张在为的同时强调无为，在做事的同时看到事的无意义处、不可能做成处，在言的同时看到不言的好处。这是不是会闹成虚无主义、造成自相矛盾呢？肯定会的，老子的学说中本来就有虚无主义的成分。但他毕竟在此章中肯定了安、持、谋、易治、合抱之木、九层之台、千里之行、慎终如始、辅万物之自然（是辅不是主，但也不是不闻不问），他毕竟有所肯定有所希冀有所愿望。

这一章前半部分的核心思想，与其说是讲无为，不如说是讲要『为于无处』。鲁迅是『于无声处听惊雷』，老子要求的则是『于无声处知惊雷』，也可能是『防惊雷』。鲁迅想着的是革命，老子想着的是天下有道。二人当然不一样，但都听到了无声处，看到了无光影处，想到了人所未想处。

简单地说，要有预见，要走到头里，不能等到出了问题再为，要为在安稳时而不是乱了以后，要为在没有什么兆头出现时而不是等到山雨欲来风满楼了才想起关窗子。要化解矛盾于矛盾的有关方面尚未成形、尚未坚硬、尚未抱团板结僵化的时候，而不是等到情况恶化固化死结化之后才想办法。要看得懂大事是由小事造成的，巨无霸是由点点滴滴聚成的，万里长征是一步步走过来的。

要无为就要为无：为于无处，为于先时，为于未发，为于未作。那就要从根本上做起，要治本，要戒贪，戒谋略，戒苛细……

但这样的为，是以无为为前提为基础为主心骨的为，是说在作为时更要想着无为的道理。讲话时要时时不忘不讲言的好处与及时打住的必要性。下命令时要想到不下命令而能使之正常做到的可能性，从而减少可以不下的命令。要做到可下可不下的命令一律不下。争执时要想到没有比争执更不可取的了，不妨再看一看、等一等，适当地保持一点沉默寡言。加班时要想到减少劳碌的好办法，并且要认定加班绝对不是提高效率的可取途径。预定一个什么目标的时候要想到这一目标的无意义处与不可能、不易做到处。有所期盼有所要求有所愿望时，要想到此期盼、此要求、此愿望很可能是竹篮打水一场空。如果能控制和取消这样的期盼要求愿望，自己将更加主动优越，立于不败之地。即使只是往医院去看医生，也要明白，遵医嘱服药打针的同时，要有所顺其自然，尊重生命的规律、韵律，沉着与平和。做到这一步，几近道矣。

这里还有一个原因，为已有的必要性是不需要讲解与讨论的。一个人活在世上，有欲望、有冲动、有需要、有珍贵、有谋划、有目标、有喜有不喜、有爱有不爱、有乐有忧、有紧张有放松，这些都不需要讲解宣示。难得的是能看到下一步，看到欲望的后面有贪婪的陷阱，冲动后面有自取灭亡的危险，需要的后面是更大更不靠谱的需要。谋划后面是进入迷魂阵与盘丝洞的自我迷失，目标后面是无聊的不得满足，喜后不喜的后面是自欺欺人，忧乐后面是自我折磨，爱不爱后面是一种糊涂迷乱。看到这一点绝非易事，看到了也会被浅层次的魅惑所『拿住』，使自己昏心迷窍，不得解救。

所以这一章中，老子强调早为之的必要性、认真务实的必要性、有所预见有所先知的必要性。同时最终讲的

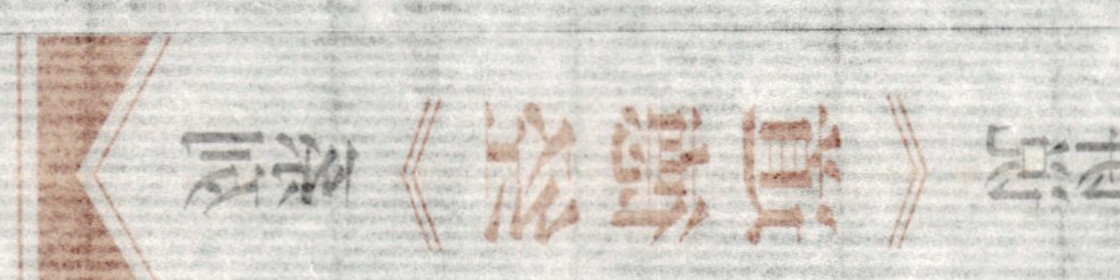

仍然是无欲、无贵、不学、复过（弥补与承担众人的与自己的过失）、不敢为的重要性与主导性。这里的老子，虽然略显被动了些，却含着大量的救人济世之心，不可不察。

老子主张在为的同时强调无为，在做事的同时看到事的无意义处、不可能做成处，在言的同时看到不言的好处。这是不是会成为虚无主义、造成自相矛盾呢？肯定会的。老子的学说中本来就有虚无主义的成分。但他毕竟在此章中肯定了安、持、谋、易、治、合抱之木、九层之台、千里之行、慎终如始、辅万物之自然（是辅不是主，但也不是不闻不问）。他毕竟有所肯定有所希冀有所愿望。

这一章前半部分的核心思想，与其说是讲无为，不如说是讲要『为于无处』。鲁迅是『于无声处听惊雷』，老子要求的则是『于无声处知惊雷』，也可能是『防惊雷』。鲁迅想着的是革命，老子想着的是天下有道。二人当然不一样，但都听到了无声处、看到了无光影处，想到了人所未想处。

简单地说，要有预见，要走到前头里。不能等到出了问题再为，要为在安稳时而不是乱了以后。要为在没有什么兆头出现时而不是等到山雨欲来风满楼了才想起关窗子。要化解矛盾于矛盾的有关方面尚未成形、尚未硬化、尚未拖延固结固化的时候，而不是等到情况恶化到不可收拾后才想办法。要看得懂大事是由小事造成的，巨无霸是由点点滴滴累成的。万里长征是一步一步走过来的。

要先为就要为无：为于无处，为于先时，为于未发，为于未作。那就要从根本上做起，要治本，要成竹、成谋略在胸……

这就是说，无为了才能为于无处，为了无了才能无为。无为与为无，二者互相作用，互为因果。这种循环往复的、类似画圆圈的思维方式与表述方式，是老子最喜欢用的。

## 第六十五章　将以愚之

古之善为道者，非以明民，将以愚之。

民之难治，以其智多。故以智治国，国之贼。不以智治国，国之福。

知此两者，亦稽式。常知稽式，是谓玄德。玄德深矣，远矣！与物反矣。然后乃至大顺。

古时候善于以道治国的人，并不是以道来教民人（那时并无如今的人民一词，故我有时用民人、有时用庶民、有时用人众来指代老子的民字）聪明，而是以道来教人们愚傻。

民人为什么难以治理呢？因为他们的智谋太多。所以说，以智谋治国，就是国家的蟊贼与灾难。治国不用智谋，才是国家的福气。

懂得这个关于以智治国与不以智治国、以愚治国的这样一个治国模式问题，就算有玄德了。玄德是多么深远而且奥妙啊。它与一般的浅薄的思维模式是相反的，或者说它是从一般的浅薄的思维模式返回到大道来了，表面上看我说的这些都是反话，实际上这样才能一通百通、理顺一切事物与内心。

这里老子又把治国的事扯到智与愚上头来了。一般人，看得到的是智的功用与好处，愚的可怜与坏处，叫做智荣

愚耻、智行愚止、智美愚丑、智强愚弱、智胜愚败。但是惯于逆向思维的老子看到了智有其在大的坏处与反作用。智多了会产生狡诈之心、机巧之心、阴谋之心、争胜之心，智多了还会产生不平之心、不忿之心、不老实不听话之心……当然不如愚傻好。愚傻虽然智力较差，然而比较本分，比较淳厚，比较好管理。

这里老子说出了中国许多统治者这样想却未必说得如此直截了当的话。看来，中国的反智主义是源远流长的。他们只考虑到民是否难治，却没有同时考虑社会的进步与发展，看来，发展的观点、进步的观点，还是近代以降，在受了列强的许多气、许多侮辱宰割以后，国人才树立起来的。这种反智主义与愚民倾向，是中华民族曾经暂时积贫积弱、愚昧落后的根源之一。

但同时，老子有一个观点：他认为民的智谋的恶性泛滥化，责任在于统治者，是由于治国者即统治者的滥用智谋造成的。这个判断又是精辟感人的。以少数人尤其是以君王一人控制管理或者说得好听一点是治理一国之民，不动点心眼是不行的。什么二桃杀三士，什么围魏救赵，什么合纵连横、远交近攻，什么卧薪尝胆，什么西施美人计，所有的春秋战国统治者哪个不是绞尽脑汁、挤尽坏水、殚精竭虑，以求统治顺利并扩大自己的统治地盘的？

而且中国是最最重视计谋的国家之一，你读《东周列国志》，老子的时代正是计谋大盛的时代，所谓三十六计，所谓胜战计、敌战计、攻战计、混战计、并战计、败战计；所谓金蝉脱壳、抛砖引玉、借刀杀人、以逸待劳、趁火打劫、浑水摸鱼、打草惊蛇、瞒天过海、顺手牵羊、调虎离山、隔岸观火、欲擒故纵、釜底抽薪、上屋抽梯、偷梁换柱、借尸还魂、声东击西……已经普及为今天的全民文化。不仅在备战、外交等大事情上，甚至于报批、立项、申办、经

王蒙评说《道德经》系列

商、求职、求学、购物、交友、爱情、亲情、对上、对下、对老师……一直到说话聊天点菜查询什么事，无不计谋连连，有时不免令人感到诚信与实话的稀罕与珍贵。这是我国社会风气上存在的历史残余问题之一。呜呼老子，奈何奈何！

我想国人重视计谋的原因可能在于从春秋战国到后世，中国的封建社会时间太长，夺取政权的斗争太残酷太激烈，权力的争夺全靠实力靠争斗靠武力更靠心智计谋，靠心黑手辣技高一筹。把本来追求的以德治国的泛道德化理念，以民为本莫失民心的民本理念，沦落为使用计谋迷惑对手以挫败对手的计谋手段，变成了以谋为本，变成了政治的计谋化、人生的计谋化，直到婚事家事的计谋化。这是很值得叹息的。

老子的观点是治国不能靠计谋，只能靠真诚、靠老老实实，靠不扰民不害民不骗民不玩弄民人。靠计谋治国是国之贼，是偷国窃国坑民攥民。不以智治国是国之福，对百姓诚实守信用当然是国之福、民之福。

中国文化讲计谋本来也是对敌国，诸葛亮对吴、魏两国诡计多端，对蜀汉则只有忠心耿耿。只有曹操之类的被认为是奸雄的人才相传他会对自己人讲计谋。

老子早就预见了计谋化的危害。他的警告语重心长，有大智慧大眼光。但是他的用愚来取代计谋的药方是一种空想，他的这种对症下药失之简单，类似于以毒攻毒，实非理想。你的毛病出在智上，我的处方就是愚，这很简明也不免廉价。以绝对的愚来解决民之难治的问题，其结果只能是国之羸弱灭亡，这与用无为的绝对化来解决为之不当的问题，用不执的绝对化解决总有失之的问题一样，它等于是用自杀来解决难治的慢性病的痛苦。

其实民之难治是体制问题、法制问题、游戏规则问题与观念问题，当然还有生存环境与历史传统、有文化素质与

教育、有风气与各种实际问题……并不是知不知智不智愚不愚的问题。

以为用智与愚的讨论能解决治国理政的问题，几近玩笑。

发出勿对你治下的民人使用智谋的忠告，则是对症下药。但不等于药到病除，公共管理上的痼疾，不是一旦可以根除的。

当然古代的智愚之说，也可能与今天的语义不尽相同，可能古代的愚字中包含了更多的厚朴的正面含意。有些专家为了维护老子的伟大，把愚字尽量解释成正面的德性，恐怕也不算实事求是。

他的批判计谋化是天才的，他提倡愚本身就太天真了，与老子的天才不相称。只有用合理的道德规范，用严格的逻辑规则，用实事求是的提倡，大兴务实之风，用正确的与令人信服的价值观念，用完备公正的法制法治逐步压缩计谋的地盘、取代计谋的天下；用现代社会的公共管理原则，用先进的理想与实践才能最终削弱与结束过度计谋化的价值取向。

计谋仍然是会有的与必有的，但必须辅之以诚信、忠实、诚恳、透明度与可监督性。

我有一句爱说的话：大智无谋，因为大智不会过分依靠计谋。

『常知稽式，是谓玄德。玄德深矣、远矣！与物反矣。然后乃至大顺。』这一段，老子又发一番感慨：深矣远矣，与物反矣，这里的『反』最好解释为相反而不是返回。如果是与物同返回，是用不着加『矣』的感叹性语气词尾的。连用三个矣，『深啊，远啊，与外界的（一般的）认识相反啊』，比『深啊，远啊，与外界一起返璞归真呀』更有感

这三个字，"深"啊，"远"啊，与外界的一般的（人认可的）"反向啊"，比"深"啊，"远"啊，与外界"远离"[illegible]更有意思。与物反矣，这里的"反"，最好解释为相反而不是返回。如果是与物返回，是用不着加一"矣"的。汉语有可能的一意，知稽式，是谓玄德。玄德深矣，远矣，与物反矣，然后乃至大顺。"这一段，若干文字，有些深奥，深奥[illegible]。

我们有一句爱说的话：大智无谋，因为大智不会过分依靠计谋。计谋仍然是会有的，可也必有的，但必须辅之以诚信、忠实、诚恳，透明度与可监督性的价值取向。

谋的地道，致使计谋的天下，用现代社会的公共管理原则，用先进的理想与实践，不能最终回避与结束过度计谋化的价值观，用实事求是治国理政，大兴务实之风，用正确的舆论引导人，用完备公正的法制法治来维护社会。他的计谋化是太不好的，他提倡德才兼备，大大增加真诚与正直，与老子的天才不相称。只有用合理的道德观来遏制，严格的家为了维护其中的伟大，可量不可量评释成正面的特性，恐怕也不算实事求是。当然古代的智慧之说，也可能与今天的语义不尽相同，可能古代的智慧中包含了更多的质朴的正面含意。有些排除的。

或许对于统治下的民众用计谋的忠告，则是对统治者的。但不等于否定一切，公共管理上的需要，不是一旦可以以为用智与愚的对立去解决治国理政的问题，几近荒矣。教育，有风气与公平和谐等的问题……并不是知不知道智慧不智愚的问题。



其实民之难治是体制问题，法制问题，游戏规则问题与观念问题，当然还有生存环境与历史传统、文化素质与执政者的治理能力与智慧问题，有许多是自来未解决并治的问题。以绝对的愚民来解决民之难治的问题，其结果只能是国之贼。以这样的方法来对付管理的对象，不当的向问题。用不他的这种对于民的太简单，以十以事故的情理想。你的毛病出在智上，我的办法就是愚。这是谦明也不免懦弱。若干年早就预见了计谋化的危害，他的警告语重心长，有大智慧大眼光。但是他的用愚来取代计谋的办法，是一种空想。为是讲计谋的人，相信他会对自己人讲计谋。

中国文化讲计谋本来也是对敌国，诸葛亮对吴、魏两国诡计多端，对蜀汉则只有忠心耿耿。只有曹操之类的被认之贼。是偷国的国贼民贼。不以智治国是国之福，对百姓诚实守信用才是国之福，民之福。

若干的观点是治国不能靠计谋，只能靠真诚，靠老老实实，靠不坑民不骗民不害民，爱民，靠计谋治国是国人生的计谋化，直到婚事家事的计谋化。这是很值得叹息的。

民为本莫失民心的民本理念，从春秋战国到今天，以计谋为手段，变成了以谋为本，变成了政治的计谋化。权力的争夺，全靠心力，靠计谋。谁心眼子稠，技高一筹。把本来追求的以德治国的道德理念，以我想，国人重视计谋的原因可能在于从春秋战国到后世，中国的封建社会时间太长，今政权的争夺太激烈，有的不完全，人与人之间诚信缺失，这是我国社会几千年的历史发展问题之一。启发，求学，求职，文坛，求爱，对上，对下，对同事都讲究计谋……一直到谈判斗争大小某某，什么事都离不开计谋。

叹性。

稽式即玄德说也有新意，老子的玄德与孔子的仁德、仁者爱人说出发点不同，孔子的德性是一种情操、一种道德良心；老子的玄德是一种智慧和体认。孔子的德性是伦理学概念、价值概念；老子的玄德是哲学，是认识论概念。把握了稽式了，把握了大道运行的模式了，才是大德。仅仅主观上爱这个爱那个哭这个疼那个了，你能真正有助于被你爱的人们吗？

所以我于二十世纪就屡屡说：理解比爱更高，即稽式的正确性比情操的善良性更重要，道比仁更高。

## 第六十六章　善下能王

江海之所以能为百谷王者，以其善下之，故能为百谷王。

是以圣人之欲上民，必以言下之。欲先民，必以身后之。是以圣人处上而民不重，处前而民不害。

是以天下乐推而不厌。以其不争，故天下莫能与之争。

江海为什么是千溪百谷之王呢？因为江海的位置在下边，它们愿意也习惯于处于下边。

同样，圣人打算比民人站得高看得远，那就先要处于民人之下，用谦卑礼让低调的语言言说。圣人想走到民人前边，想带头做什么事情，必然要先把自身摆在民人的后边，先做到跟随着民人的愿望说话做事。这样，圣人站得再高，地位、思路与权势再高，而民人不觉得是沉重的负担。圣人位置再靠前，再提出超前的目标与任务，民人也不觉得对自身有



什么妨碍，老百姓从来不会觉得圣人碍眼。

这样的圣人，天下人愿意推崇他而不觉得厌烦。这同样是由于圣人不与谁争夺什么，所以也就没有什么人能够与他争夺什么。

这一章的重点是讲圣人，讲圣人的定位。老子的所谓圣人与孔子的圣人或宗教的圣人（圣徒）说含义不会相同。老子强调的不是仁义道德，不是天使与通神品格，而是大道无为与玄德。

老子讲圣人的一些说法，可以用来给当今的精英或有志精英者参考。

这里老子同样敏感地提出一个难题：圣人由于站得高地位高论调高权势高而成为民人的负担，成为压迫者，异化成为民人的对立面。同样圣人由于要带领民人做这做那，老是站到民人的前头，也会令民人讨厌，让百姓觉得碍眼，让百姓不快不服。

这个问题提得很实在。先知先觉者并不是总能够得到民人的欢迎爱戴。如果老是有人教导他带领指挥他，老百姓会觉得心烦与厌倦。对于老百姓来说，有时先知先觉者似是在生事、出事，扰乱清梦。鲁迅的小说《药》，杂文《聪明人和傻子和奴才》《立论》里都表达过这种智者、仁者、觉悟者、先行者的寂寞与悲哀。有些有志精英者也喜欢悲情地咀嚼与卖弄这样的寂寞与悲哀。

民人其实或许不欢迎别人比他高明、比他远见、比他深刻、比他说话管事，并反衬出他们这些沉默的卑微与『不可承受之轻』来。民人不欢迎圣人提出与俗鲜谐的主张。民人尤其不喜欢圣人与管理者无休止地教训他们要

这样、不要那样。民人未必欢迎自己走到哪里都碰到公公、婆婆。

圣人有时候与管理者合作教导民人，民人未必喜欢。也有时候圣人与管理者闹翻了，就教训民人要与管理者闹翻，其结果是民人夹在了当间。民人对这种种情况不是没有警惕。

为此老子开的药方是：圣人更要自居于民人之下而不是之上，自居民人之后而不是之前。

如果将之只视为一个态度作风公关问题，并不足以解决这个精英与大众的关系问题，但老子的建议并非无足轻重。它更重要的意义在于圣人的自我定位。

这里有圣人的毛病，怕的是圣人自以为是高高在上乃至形而上的，是走在民人前头的，像我们今天的某些精英或自命精英们那样。

一个自高自大，再加一个自命超前，实际上就站到了民人的对立面，你的心再好，你的招再妙，你也只能落一个为民冷漠的不光彩的下场。

这里也体现了民心，民人并不喜欢老是有人压在他们头上，不是那么喜欢老是有人带领他们前进。时间长了，一成不变，民人会想换换岗，会想变变位置，调调座位的。然而这样的民人是不是有真本事能比圣人做得更好呢？那倒是另外的问题了。

让圣人或自居圣人者，真正做到谦卑礼让低调绝对是困难的。原因是，岂止圣人，就是一个有点学历自命精英的人，都动辄拿出一份精英的派头。与谦卑相比，他们更愿意自吹自擂。与礼让相比，他们更愿意事事争先。与低调相比，





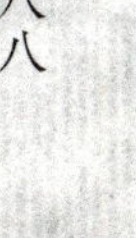

他们更愿意高调贩卖他们自身也没有弄明白的食而不化的疙里疙瘩的『进口』（双重含义）物资。他们自命不凡，他们坐井观天，他们颐指气使，他们经常热昏，他们横行霸道，仗势欺人，因人成事，照样谋私不误……唉！

那么，怎么办呢？老子考虑的是理顺圣人与民人的关系，理顺圣人与民人的心态。他希望圣人、处于高位的人能够加倍做到谦卑礼让低调，能够做到适当往后捎一捎，能够把利益、风头、体面、位置多多出让一点，自己少得一点，要求自身更严格一点。虽然那个时候没有人民的勤务员的提法，但是老子的意思与之接近。人民的勤务员提出已经好久好久了，真正做一个这样的合格的人民的勤务员，则并非易事喽。

老子提出了『天下乐推而不厌』的标准，圣人们应该做到被天下长期拥戴而不厌烦。这话说得有趣，这话等于是看到了即使是圣人也有被厌的可能，圣人也有三板斧用完了的时候，有技穷的时候，有引起审美疲劳的时候。而且，要知道圣人的身份是不能垄断的，即使有博士学位与教授职称也不行。你圣，可能还有更圣的。所以此处回到老子早就讲过的生而不有、为而不持、功遂而身退，多考虑考虑中国文化中关于急流勇退的思想，可能是必要的。

当然老子的说法里也留下了破绽。后其身而身先；不争，故莫能与之争；圣人欲上民，必以言下之；欲先民，必以身后之，等等。圣人的『下』与『后』与『不争』有可能成为曲线谋私的手段，曲线求上、求先、求莫能与之争即战胜一切对手的手段，这样的手段，再下一个台阶就变成了阴谋。

另一个破绽是，有时候圣人当真提出了救国救民利国利民的高明建议，但是民人认识不到。民人也会犯鼠目寸光、作茧自缚、人云亦云、不辨皂白的毛病。那时候的真正的圣人就需要有一言而为天下法、匹夫而为万世师的承担，有

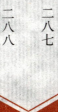

为人类背负十字架的牺牲，有我不下地狱谁下地狱的决绝。遇到这种情况，智慧的老子认为应该怎么办呢？难说。

用言语表述大道，常常碰到按下葫芦起了瓢，说了A就漏掉B，说了B又漏掉C并且冲淡了A，而ABC全讲说了，读者反而不知所云，或反而觉得你是在说废话，说套话，说全面而无趣的空话等的麻烦。然后，越说越难通，越说离大道越远；而不言不说则等于零，等于死人，等于没有活过一遭，等于没有大道一说。所以老子开宗明义就告诉我们，可道可言说的道，并不是恒常的大道啊；而不言不语的道，又是无从接近之领悟之持有之充实之的莫名其妙啊。

在学习大道的时候，你必须做好思想准备，你可能被驳斥，你可能被抓住几处言语的漏洞与把柄，你可能被误解、被歪曲、被驳倒，你也可能自己心生疑虑、犹豫不决。当大道用言语表达出来以后，它永远是不完善、不透彻、有漏洞、有极大局限的了。我们只能澄明地一笑，表达我们对于大道的追求与向往，表达我们对于难以完整无缺地表达清晰的大道的歉意。

## 第六十七章　我有三宝

天下皆谓我道大，似不肖。夫惟大，故似不肖。若肖，久矣！其细也夫。

我有三宝持而保之：一曰慈，二曰俭，三曰不敢为天下先。慈故能勇，俭故能广，不敢为天下先故能成器长。

今舍慈且勇，舍俭且广，舍后且先，死矣！夫慈以战则胜，以守则固。天将救之，以慈卫之。

天下的人都说我讲的大道太大太宽泛了，未免不着边际，令人找不着北。是的，正因为是大道，不是小术，所以才叫人摸不着头脑。要是容易掌握的话，像某个简单平常的事物的话，那早就好办了，也就太渺小啦。

我有三个法宝，一直把握着与保存着，第一是慈爱宽厚，第二是节约俭省，第三是什么事自己绝对不走在天下的最前头。正因为慈爱宽厚，才能勇敢决断；正因为节约俭省，才能道路宽广；正因为不敢带头做什么事，所以成了万事万物的带领人，成为诸人的领袖。

如今，你舍弃了慈爱宽厚而去好勇斗狠，你舍弃了节约俭省而去扩充推广、广种薄收，你舍弃了不做出头椽子的原则而遇事往前赶往前冒，你就完蛋了。以慈爱宽厚之心打仗，才能胜利。以慈爱宽厚之心去守卫，才能固若金汤。天神要救助你保卫你了，才会把慈爱宽厚的心地与旗帜赏赐给你。

这一章讲大道的应用，老子特别提出了道的慈性的概念，提出了慈的有效性。

应该说，老子讲的这一章是乱世的做人护身求稳求生之道。它当然显得消极，但是有它的道理与根据。

老子的估计是正确的，他的书确实会让人丈二和尚摸不着头脑，缺少可操作性；会让人觉得嘛也不像，不像任何已有的与被接受的忠言教训，尤其是与孔子的教训相比。孔子的教导是多么合情合理，多么合用合益，孝悌忠信、成仁取义、道德礼法、修齐治平，做起来都是立竿见影的，至少听起来是明确正面的。

而老子呢？说来说去，《老子》读完了，再读一遍，它究竟教会了你一些什么呢？

所以老子这里突然简明化了一把：你不是说把不着脉吗？好的，请君从下面三件事做起：第一，从此慈爱宽厚；第二，从此节约俭省；第三，从此什么事往后捎着点。还有比这三件事简单的吗？

说明伟大如老子，也并非抗战到底，颠覆阅读，视普通读者如寇仇如草芥的。这一章，他已经有所迁就，有所努力，

希望自己的思想适当地大众化与通俗化。当时虽无知识产权与版税的概念，他的文字仍然是为了让人阅读理解而不是为了不叫人阅读不叫人理解而写出的。

为什么要讲慈呢？在一个战火燃烧、天下未定、枭雄四起、争夺激烈的时刻，强调慈爱宽厚，也算对症良药，虽然药力够不够还是一个问题。

中国的传统是越是习武习兵，越要强调慈爱宽厚，越要强调不可滥斗滥杀，不可意气用事，不可因武逞强，不可因艺因力压迫旁人。越是学武，越要磨性子讲慈悲仁爱。即使仅仅从武侠小说上看，这样的说法与故事也是不胜枚举。

或谓，慈是宽容，不是仁慈。当然，老子在前面痛批过儒家的仁说仁论，他的名言是『大道废，有仁义』。其实慈他也批过，他的话是『六亲不和，有孝慈』。那么，我这里解释的慈爱宽厚，与仁慈、孝慈的说法有没有不同之处呢？有的。慈爱宽厚，说的是人的自然流露、人的本性。比如母爱，比如成人对于儿童、婴幼儿的欣赏爱护帮助之情，比如弱者的求助心与帮助弱者的良心良能良知，都不能说是某门某家国学的产物，不是人为的，不是圣人规定的，而是人类自有的、自然的、淳朴的真情流露，即人性的自然而然。而儒家一旦没完没了地教训起、耳提面命与谆谆教导起仁慈孝慈，反而使自然的东西变成了人为的规范，变成了主流社会的法则，变成需要不断灌输的道德训诫，变成了评比、奖惩、排名或者鉴定的一个项目，变成需要重复背诵的子曰诗云。太败兴了！世人皆知美之为美，斯恶矣；皆知善之为善，斯不善矣。仁慈与孝慈，经过儒家的渲染忽悠闹哄，变成伪善，变成装腔作势，变成夸张秀、人生舞台秀的可能性大大地有。

这正是老子对于孔子始终保持批评态势的要点所在。老子的许多其他的话，也有明显的对于儒家进行责难的主题含于其中。这种责难当然也有片面性，也有硬抬杠，有非议异数，彰显自身的动机与人性弱点——老子这样伟大的智者，也摆脱不了这种弱点呀——但是他的思路有助于丰富而不是贫乏人的思维空间。

这是人生的一个悖论，看重什么，就要宣传、灌输、强调、上课、天天讲、月月讲、年年讲什么，但是强调过分，又会化真为伪，化自然为做作，化自己的事为大众秀，化适可而止为没结没完，夸张过分。『文革』中强调忠于毛主席强调到无以复加乃至疯狂非理性，实际上呢，正是『文革』中出现了最多的背叛、阴谋、骗局、两面派、虚与委蛇、怀疑困惑，不是增加了而是大大损害了毛主席的威信与说服力。

当然这是极端的例子。

什么都不说，什么都不管，什么都随他去，当然也行不通。

掌握好说与不说、行与止，强调与不必经意强调的度，这是个道行了。

老子从道中引出个慈来，虽与前边所论『六亲不和，有孝慈』不无悖谬，或可勉强说通。这里有两个可能，老子不能一味地坚持非道德非伦理化，对于国人包括古代与现代国人来说，道德化与伦理化的压力还是太大了。老子要推行自己的理念，不能不作某些让步。另一个可能就是文中有伪托。目前似无后一种说法，那么我们就按前一种说法理解吧。

慈而后勇，老子的意思是慈乃是勇的根据，同时也是勇的刹车。你不能无端而勇。无端的勇是匹夫的意气，是一

时的心理失常。慈而后，你才有必须勇敢的理由，慈才有正义性、天道性、责任感，你才不会恐惧犹豫，不会怯懦后退。

而没有安装刹车装置的车辆是不能驾驶的。在勇敢的斗争当中，既要斗得有理有据有慈的正义性悲壮性，还要时时刹住车，不要误伤好人，不要误伤无辜，不要过分快意，不要勇到自己的反面，勇到慈的反面即恶狠毒辣上去。

勇须有节，慈是那个节。

俭而后广，同样，俭是广即发展扩大补充丰赡的前提与刹车。要讲究积蓄与节约；要实事求是；要知道自己能做到什么，同时要毫不含糊地明白自己绝对不可能做到什么。例如『换了人间』（语出毛泽东词《浪淘沙·北戴河》）是可以做到与已经做到的，『三年超英五年超美』是绝对不可能做到的。

要知止而后有定。尽量能够适可而止，能达到即为止，才能做到心中有数，才能沉得住气，不是无限扩张膨胀更不是搞爆炸。要多想几步，要想到失败的可能、碰到突然事件的可能，要有坏的准备。要保持住自己的平衡和重心——才可能有下一个动作的可持续发动，才不是砂锅砸蒜——一锤子买卖。保持不住平衡和重心的任何动作都只能算孤注一掷，都会自取其败。

老子一直主张慎重，主张慈爱宽厚、节约俭省，主张留有余地，主张毋为已甚，主张适可而止，民间叫做见好就收乃至急流勇退，这些都是金玉良言。不必过于担心由于老子的教训大家都变得消极被动起来，因为人性还是好动的、多欲的、好胜的，基本上可以放心。

老子既要为勇与广设定界限，同时，老子也要为勇与广的努力设立道德的基础与光环，所以他说：『夫慈以战则胜，以守则固。天将救之，以慈卫之。』这个意思也就是说，正义的事业是攻不破的。古往今来，树立己方的道德优势、道德悲情、道德力量，都是在复杂尖锐的斗争中不可忘记的。

## 第六十八章 善战不怒

善为士者不武，善战者不怒，善胜敌者不与，善用人者为之下。是谓不争之德，是谓用人之力，是谓配天，古之极。

高明的武士、军官，是不会耀武扬威的。会打仗的人，是不会怒气冲天的。懂得怎么样才能战胜敌手的人，绝对不给敌手以可乘之机。善于用人的人，能做到甘心处于你所要用的人的下面，或至少对之谦卑礼让。这就是一种不争斗的德性；这就叫做借力打力，四两拨千斤；这就叫做与天道为伍，与天道匹配，这是自古以来的准则与极致。

老子再次强调含蓄的必要性，冷静的必要性，谦卑的必要性，谨慎的必要性，阴柔与退让、巧用实力与调动一切积极因素的必要性。

善为士者不武。以此引申开去，我们还可以说善用权者不威。善为学者不引经据典、不炫耀知识、不滥转名词。善医者不打保票也绝无秘方。善走者不跑。善弈者不杀，其势之厚足以令对手投子认输。善文者不搞辞藻。善思想者不玩深奥，不唬人。善歌者不声嘶力竭。善言者不口若悬河。善绘者不（求形）似。善解道者不言道。善商者不财——

一个真正的商人，重视交通物货、活跃经济比积攒财富更甚。对于真正的善什么什么的人，对于有真正成就者，一般人看到的是某些表面的效果，如权之威严、财之富足、名之响亮、文之华美、言之雄辩、思之奇异、弈之大胜……然而这些往往只是副产品，不是善者成功者硬为出来的，而是顺便达到的，甚至不达到也没关系。为了弄权而从政的人一般不是好政治家。为了钱财而从事实业的人，一般不是好商家。为炫耀辞藻而从文的人，一般不是好作家。为了雄辩与成为名嘴而到处讲话的人，一般不是好演说家。为一鸣惊人而思想的人未必能提供出真正有价值的思想。为大胜而弈棋者，格调也距真正的大师甚远。

俗人只知追求副产品——权、财、炫耀、雄辩、惊人、大胜，却丢失了主道大道，他们怎么可能不常常失算呢？

善战者不怒的说法也有点意思。善战者对于收拾自己的对手极有把握。或者更高明的情况是善战者根本无意回应对手的挑战，认为不值得一战，他已经看到了对手的破绽与自毙的必然下场，无劳弄脏自己的手。或者更高明的是，他完全有办法化敌为友，胜对手的身前先胜其心。他怒什么？

一般来说，怒是自己不如对手强大、拿对手没有办法的结果。无奈者易怒，有把握者稳操胜券，何怒之有？

善战者不怒也是很实在的经验，人一怒而发冲冠，而肾上腺激素猛烈分泌，而心律失常，而头脑不冷静，而轻举妄动，不加分析。自古国人有『制怒』之座右铭，当非偶然。

善胜敌者不与，有的解释为不与敌纠缠，窃以为可以理解得更加宽泛。老子喜欢用比较模糊比较抽象的词，不是为了故弄玄虚，而是给你以解读发挥的余地。老子做的文章都是活的、灵动的，是其犹龙乎（《春秋》中孔子所说，是说老子像龙一样腾移变化，不同凡响）。不与，就是不把主动权主动性拱手出让，不让对手抓住你的辫子，不让对手有隙可乘，不跟随对手的指挥走，不把取胜的机会让给对手。

胜与败，表面上看是一个气力与技术加偶然机会的问题，实际上关键在于谁掌握了主动，谁无懈可击，谁有懈可击，谁破绽百出。谁胜谁负，实际上是战略与道的问题，是主动与否、错失与否、沉着冷静与否的问题。

善用人者为之下，这可了不得啦。许多人也喜用人，用能人才能出成绩，当然。但是多数人追求的是为我所用，是我为人上，用不用首先看你是不是甘居我下。所以单纯自上而下地用人的结果，会是罐里养王八，越养越抽抽。老子提出『为之下』，这就抓住了要害。敢不敢看愿不愿发现使用帮助比你还强，但目前地位比你低得多的人？敢不敢或甘心不甘心某一天或目前就想到：你可能居于你所用之人之下？老子提得太高了，难矣哉。

不争之德，用人之力，配天之极。老子把这样的论点上纲上到高处。不争乃是立德以服人，是无欲则刚。为下，乃是谦恭以用人之力，使人才人力为我所用，叫做聚拢人气，以一当十当百当千，有容乃大，一呼百应，四两拨千斤。这也就是慈而勇、俭而广、战而胜、不武不怒不与，永远立于不败之地。

为什么说这是天道呢？天是不武不怒不与的。天从来是自然而然、不伤心不愤怒不用力的，天用无为的方法，依靠万物来行施道性，来保持大道的运行通畅，为什么我们不能向天道学习、与天道匹配呢？

老子考虑问题，确实比常人高一个或好几个层次。不争也不与，高人一等。这里包含了莫问收获、但问耕耘，但行好事、莫问前程的意思；也包含了自有公道、自有果实的信心；还包含了一种骄傲，如果争，岂不与尔曹一个水平

了吗？

不争的另一面是不与，不与你纠缠，更不予你把柄。庸俗的市侩们根本够不着我，跟不上我，叫做吃土也吃不上——以骑马或行车作喻——你还能如何？

不怒与不武。老子追求的是一种相对的冷静与闲适，无为无事无味，则有心、有空、有道，要有余裕，有余力。庖丁解牛，游刃有余。学而优（优作余裕解）则仕，仕而优则学，做官而有余裕，要多读书论道。不把自己用情绪和事务塞个满满当当，不做急死累死忙死乱死的鬼。这确是一种理想，是一个美丽的梦。

把用人与配天联结起来讲，也是别开生面。一个人的本事再大，力量有限，成事有限，只有能聚拢众人之力的人才如有天助，才是配天之极。

两千多年前，老子的这些见解高于普通人，高于常人。如今，仍然高于常人，因为他要求的恰是克服常人身上的那些弱点：贪、骄、武、怒、争、与、先、上、为等。理想化、抽象化、微妙玄通化是老子的高明与魅力，也是老子的局限。读而思老子，是多么美丽，又是多么不足够啊。

## 第六十九章　哀兵必胜

用兵有言，吾不敢为主而为客，不敢进寸而退尺。是谓行无行，攘无臂，扔无敌，执无兵。



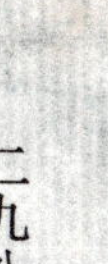

祸莫大于轻敌，轻敌几丧吾宝。故抗兵相加，哀者胜矣。

谈到打仗，我要说，我不敢采取攻势而多采取守势，不敢轻易前进一寸，却敢后退一尺。

这就叫，虽列队而没有队形，虽投掷而不暴露手臂，虽冲锋对抗却没有对手，虽紧握而没有兵器。

灾难的后果没有比轻敌更严重的了，轻敌就差不多丧失了咱们的法宝了。双方对抗用兵的时候，是哀者（悲愤者、危殆者、哀怨者、被侮辱与被损害者）才好胜利。

老子讲述了一种小心谨慎、含而不露、无迹可寻（善行者无辙迹）、深远高妙（深不可识）的作战——做事方略。其中行无行、攘无臂、扔无敌、执无兵的说法有些神龙见首不见尾的神秘，时至今日，这种战法还有点游击风格。国人的说法叫做用兵如神。

小心谨慎，慎进勇退，宁取弱势，不取强势，这是一。这也是儒家所讲的如临深渊、如履薄冰的精神状态。反复斟酌，不要轻易下决心。要充分考虑到失败的可能，不要一心侥幸。因为人最常犯的错误不是对自己的力量估计不足，而恰恰是对自己的力量估计过高。人常有侥幸心理，你中头彩的可能性只有十万分之一、百万分之一、千万分之一，照样有那么多傻小子去买彩票。你靠赌博取胜的概率只有千万分之一，照样有许多人醉心赌博。撞大运的人们啊，你们什么时候能够清醒一下呢？

如果进行战争也心存侥幸，就更危险了。历史上有多少事例说明，越是自以为强大的军事力量，越容易大败如山倒。

底下的话神妙无穷。行进但不列队，列队但无队形，排队但不成行。这像游击队、游击战，起码不是正规军，但

老子那个时候似乎还没有游击战术的概念。那么这就叫不拘一格，不搞正规战阵地战，不拉架子，不摆阵势，不搞军事教条主义。这接近毛泽东的战略思想。

投掷但是不见胳臂，这是说隐蔽性吗？也可能是说不必用傻力气，或者是说不要造势，不要搞什么显示实力，不必亮肌肉块，不必在战场上搞健美操，不必追求声势。当然也包括不过分暴露自己，宁可多一点掩体，多一点防护，多一点不经意间的出手出击。

现在的战术，已经是『攘无臂』了，因为现在的『攘』只需要按一按电钮最多是扳机或敲一敲或只是触摸一下键盘或是声控，要这么多胳臂干什么？老子说的既像游击战也暗合当今的高科技战争。

扔无敌，执无兵，如今的高科技战争正是如此。老子时代没有高科技，但是有高明的用兵如神的理论哪怕只是想象，叫做思战如神，思胜如无形，思兵如无物。老子要打的是一场看不见摸不着听不到的战争，是大道之争，是大哀之争。

为什么冲杀上去、攻上去、对抗上去了，没有敌手呢？第一种可能，你用兵如神，敌人根本没有准备，来不及反应，没有任何反制措施，没有可能组成对抗的力量、战线、反攻。

第二，你追求的如孙子所讲是不战而胜，是胜负的大势的掌控，是使一切主客观因素向你的胜利方面倾斜，于是你未战而笃定胜利了，不是非经过肉搏、经过拼刺刀才决定胜负。

为什么能够执无兵呢？同样，你从战略运用上已经取得了巨大的决定性的优势，不待挥刀剑（冷兵器）与开火（热兵器）已经取胜了。

这说的是军事，其实政事文事更是如此。老子欣赏与追求的是不动声色，了无痕迹，悄悄完成，自行达到。老子反对与鄙弃的是大轰大嗡，强人或强己强民所难，刻意作秀，自找麻烦。

为政，不需要经常提出新纲领、新口号、新提法，不需要经常揪出新敌手，确立新目标，不需要经常做动员，煽情悲愤、大游行，不需要经常搞成新高潮，不需要经常振臂高呼万岁或者打倒，不需要大搞政绩工程、面子工程。为政而能务实求真，能为百姓办事，排忧解难，能清廉公正，能为客而不为主，即真正拿民人而不是自己当国家的主人，能以百姓之心为常心，能够不扰民不乱民，不小题大做，不草木皆兵就好。

写文章，应该是有结构有起承转合而无定型、无定则、无安排巧思的任何痕迹的。文无定法，大匠运斤。这话说得在理。应该说是文章本天成，不像是谁写的，倒像是老天自己留下来的。好的作品，其作者的感觉绝对不是自己怎么呕心沥血、惨淡经营，而是天假尔手，踏破铁鞋无觅处，得来全不费工夫。

好文章的力透纸背处也是见不到用力的姿态与斧凿的痕迹的。越是有经验的作家，越不会在要紧的地方拼命煽情、拱火、咬牙、谩骂、胳肢人以逗笑、糟践人以出气、哭天抹泪以求同情、大话连篇以壮声势。好的作家越到关键处越是写得相对平静和不动声色。

文章尤其是小说作品，离不开精彩的描绘，别出心裁的妙喻，警句妙语，悬念故事，扣人心弦、天外飞来的奇笔，抒情引泪之语，颠扑不破之理，出人意表之情节，等等。

但是更上一层楼后，这些反而向后捎了，不必显山露水，不必精妙修辞，不必风云突变，不必怆然泪下，不必振

聋发聩，只不过是喁喁道来，只不过是信手拈来，只不过是小事细节，只不过是白描速写，你已经为之震动为之动容了。

咬牙切齿的文笔不是好文笔，就像仅仅靠咬牙切齿的用力未必能提高劳动生产率一样。

祸害莫大于轻敌。这当然也是经验之谈。这里我们看到了老子的两点论。一是战争中要神龙见首不见尾，要不着一字尽得风流，要举重若轻、游刃有余，要如有神助，取胜于尽早尽先。一是整体的盘算中切切不可大意，不可掉以轻心，不可丧失悲愤悲壮悲情的状态，不可丧失自己的道德正义感，不可不说清用兵是完全不得已，是被顽敌所逼迫，己方是受害的一方，敌方是加害的一方。哀兵必胜，这已经成为我国传统文化的一个重要提法，是我国传统军事学的一个重要命题，这是老子的一大发明。

所谓哀兵必胜，所谓背水一战，都有点置之死地而后生的意思。这些说法辩证则辩证矣，但是如何与老子的无为、不争、行无行、攘无臂、扔无敌、执无兵的这一面，如有天助的一面，举重若轻的一面，不战而胜的一面统一起来，我还是不无困惑的。读到老思索到老，让我们慢慢往深里研究去吧。

## 第七十章 知我者希

吾言甚易知、甚易行。天下莫能知、莫能行。

言有宗、事有君。夫惟无知，是以不我知。

知我者希，则我者贵。是以圣人被褐怀玉。

我的讲述非常容易明白，也非常容易实行。但是天下没有人能做到理解明白，更没有人能去实践躬行。

我的讲述是有一个宗旨、主题、目标的，是有自己的主心骨的。我的谈论事务，是有一个依据、一个主干、一个总体的思路的。只有无知者，才会不理解我，也不被我理解。

理解明白我的人绝无仅有（前面已经说了莫能知，因此不仅是稀少之意），取法我的人更是难能可贵。所以可以说圣人是穿着粗布衣服，却怀里揣着宝玉。

老子开始谈论认识论的问题，谈论知与行这样一个中国哲学上的老课题。

老子自以为他讲得清楚明白，简单易行，因为他并没有特别要求你做什么，而是要求你不要不必不可做什么。完全不必太费心思，不必苦学苦修，不必殚精竭虑，不必攀升不已，你只消停止、取消、克制你的计谋、欲望、妄为、各种自寻苦恼、自找麻烦、自取灭亡，回到你的本初状态、婴儿状态、淳朴（乃至愚昧）状态、无差别状态，就会与大道合一，天下太平，个人畅快，无往而不胜。

好简单！偏偏你们这些俗人，不去理解老子主张的平易性、真诚性、可行性、不劳争辩性、有效性与理想性，例如治大国若烹小鲜性、入军中而不伤性、无言而自化性、无不克性，你们究竟是怎么回事呢？

这很有趣，很值得探讨。

从根本上说，知与行是不能分离的，我常说，知识的魅力在于它对生活实践的发现。生活实践的魅力之一，在于它丰富发展了知识。知识分子的最大快乐最大使命，就是做到这两个发现互相发现。知识分子的最大本领应该是他能

够像读书一样地读社会、读自然、读世界、读生活、读实践。他能够做到为世界而如醉如痴，从生活中发现精彩，发现真知，发现哲学、科学、艺术、理想、悖论和美。同时他能够像观察体悟生活实践一样地去读书，从书中发现活的感觉、道理、知识、形象与感受。

同时知识分子的最大悲哀是书归书，知归知，活归活，用归用。读书不能有所知，有知不能帮助生活，生活不能用书用知。是谓书呆子也，越读越蠢也。

同时知与行又不可能完全同一，行是有自己的最直接的目的的。农民种地要的是丰收，政治家执政是为了国泰民安，不能仅仅是为了求知。

而知、求知、求学、理论研究与著述，在它密切联系着生活的同时，也可能从生活、从日常经验中升华起来，成为生活的一道风景，而并不等同于生活本身。

当然也有可能，知识也可能偏离大道，偏离科学，偏离真理，书本也可能荒谬化、教条化，脱离生活乃至成为生活的对立面。

不能将知与行分离，也不能将知与行同一。二者既互相滋养又各有特质，各有侧重。

知，包括知识、智慧、科学、艺术、理论、信念，它们满足着生活的需要，行的需要，同时这里的生活不仅指吃喝拉撒睡，这里的行不仅指经世致用，也指智力的操练、内心的期待、灵魂的渴望、趣味的满足、快乐的产生与自我的抚慰与完善。

首先，老子的精彩是无人否认的。但是老子的主张是难以认真贯彻的，它本身就包含着悖论。例如，老子说了，言者不知，知者不言，善者不辩，辩者不善，那么堂堂《道德经》即《老子》五千言，算是言了，还是辩了呢？算是善了、知了，还是不善了、不知了呢？既然言者不知，你的五千言又怎么能让人家知你，或者表示你知了人家呢？关于德也是这样，失道而后德，但你又没完没了地讲德，讲玄德。关于无为更是如此，无为的想法伟大绝妙，然而，真的无为了，还讨论什么道与德、胜与不胜、柔与坚、伤与不伤干什么？进入最玄奥的境界，进入无限大的终极范畴，道与失道、婴儿与非婴儿、迷失道心道性与保有道性，以及一切讨论过的客与主、亲与疏、利与害、仁与不仁、刍狗与圣人与百姓、知与不我知、行与莫能行，则我（跟随我）与笑我、知我与误解我，一与二与三四五六七，又有什么区别，又有什么区别的必要性与可知性呢？

老子的论说，具有一种理想性、美妙性，与现实不无落差。例如无为，古今中外，哪一个政权是仅靠无为来取天下（赢选票）、治天下、胜天下的呢？没有。而且，伟大如老子，他怎么可能不知道，绝对的无为也是一种刻意为之、一种强做，一种咬牙切齿呢？辩证如老子，齐物如庄子，为什么不谈一谈有为与无为的相通相似相一致呢？

当然，可以解释为这是老子的对症下药。春秋战国时代以迄于今，人们患的多是轻举妄为之症，是实症热症火症阳亢狂躁之症，而不是消极抑郁虚症风寒之症阴湿之症无所作为之症。所以老子对于无为方面的道理就多倾斜了一些。

这又说明了一个真理，真正精彩绝妙高深照耀的思想、命题、论断，特别是涉及神性问题、神学问题，即世界与生命的终极、起源、归宿、本质、究竟、永恒、无限、（一）元等的学说，都是不大可能用一般的常理常识、用一般

的逻辑计算实证，能做到理解与明白的，更是难以在日常事务中躬行实践的。大道非凡，大道难做，大道难行。非凡、难做、难行，同时又有利于凡俗的行为与生活。读过《老子》的人至少比没有读过的人会多一点静气，多一点沉着，多一点谦卑，多一点略带冷笑的平和。

既然道可道，非常道；名可名，非常名，那么知可知，非常知——你能知道的知识，都不是根本的与恒常的知识；行可行，非常行，你能躬行实践的一切，都不是根本的、关键的、终极性恒常性的实践。以子之矛，攻子之盾，伟大的老子先师啊，您又何必叹息牢骚于自己的不我知（无人理解）与莫能行（未能付诸实践）呢？时至今日，两千余年后，中国外国，仍然有那么多人阅读讨论争论您的《道德经》五千言，聚讼纷纭也好，郢书燕说也好，越讲越糊涂也好，说三道四、指手画脚也好，无人正解更无人实践您的思想也好，您的影响已经伟大绝顶，您的成功已经难以匹敌。还要怎么个知法行法？《道德经》毕竟不是射击要领或交通规则，您想让读者怎么去行呢？

思想是光亮的，而生活太平凡。思想是深邃的，而生活常常显出来的是浮浅。思想是犀利的，而生活常常像钝刀子割肉（这是毛泽东用过的比喻）。思想尤其是思想的语言文字表述是非常美丽的，而生活经验要暗淡与非美丽得多。还有，有许多思想很有道理，很有见地，很雄辩也很逻辑，但是就是难以完全做到。例如克制贪欲，各种宗教、伦理、道德，讲过多少金玉良言啊。相反，我们又看到过几篇倡贪倡纵欲的理论文字？然而，人为什么有贪欲呢？就因为这不是一个立论的问题，不是一个后天教育的问题，不是一个观念的问题，而是一个人性的问题，一个原罪的表现啊。靠任何伟大的学说、教义、训诫都不可能完全解决贪欲问题，只有靠应有的教育程度、合理的社会分配即对人们





的正当欲望的尽可能的满足，激励与惩罚的制度与完备清晰的法律，加上必要的心理调节、心理卫生，社会风气的好转等综合措施，才能减少贪腐，使人欲的追求与满足文明化合法化。谁又能读上一遍《老子》就立即清心寡欲起来呢？

现在反过来说，高明伟大的思想首先具有的是欣赏、赏玩与发展思辨能力的价值，是令眼睛一亮、心智一明、心旷神怡、赏心悦目的同时又赏神悦智的效果，是吟咏徘徊、自得其乐、其乐无穷的效果。它们是智慧与高蹈的思想境界的维生素与营养添加剂、驱动剂。不管你自己怎么样强调它的朴素平易，它不是拿过来就能啃就能充饥的大馒头，不是泡上水就能吃的方便面。

毛主席嘲笑过教条主义者，拿着好的理论好比拿着弓箭，只知道夸『好箭好箭』，却不用它来解决中国革命实践中的问题；不能用马克思列宁主义的矢，去射中国革命实践之的。毛主席批评这种对马列主义读之习之赏之悦之却不会用之行之的人，是无的放矢的教条主义者。对于马列主义，在革命的发动时期的中国，毛主席的这一番论断是有道理的。但同样对于马列主义，也不排除有人更多的是去进行学理、资料、档案、文句方面的书斋、案头研究。至于老子，捧读《老子》而大赞『好箭』，赏之玩之，悦之服之，思之叹之，吟之咏之，并且随之而棋看远几步、事看深几层、无聊事放弃一大把、无聊纠纷看穿一大片，你会变得更加从容，更加有深度，更少骄（傲）娇（嫩）焦（虑）矫（强）搅（扰）叫（闹）。这已经是很伟大很受用很了不起很享受了，难道你还真的要用《老子》去修身齐家治国平天下、去掌权、去执政、去外交、去国防、去调整汇率、去救灾抢险、去健身去行房去延年益寿吗？

老子的书益智益心益神益气益处世做人。益就是益，就像复合营养药品，其益甚彰，但不能代替米饭炒菜与汤粥

茶水。

有些个学问，越是急于应用，越会显得一文不值。五四时期的先锋们，对于中国经典的极端绝望与厌弃，正是由于他们急于以经典救国图存的缘故。现在救亡的实践没有二十世纪三四十年代那样紧迫了，『好箭好箭』的赞美声又不绝于耳了。这很正常，也很可爱，可喜。当然仅仅是对于好箭的玩赏，其作用也是有限的。给你一个古典的箭，要求立即射中现代、全球化时代与中国的独特模式的靶心，则是开玩笑。

圣人被褐怀玉，即穿着粗布衣裳，怀里揣着宝玉。这段话也与老子的风格不尽一致。这话更像屈原的怀忠不遇、怀才不遇的愤懑。伟大如老子者，难道会介意自己没有穿金戴银，没有冠盖车马，没有鸣锣开道，没有山呼万岁吗？

肉食者鄙，威风富贵者易从俗，叱咤风云者未必有多少独到的思想。思想者易高端、高耸云天却未必威风富贵。这也是万物皆有的区分，这也是知与行不可能完全统一的表现。尤其是那种天才的、超前的、绝妙的、与世俗拉开了长长的距离的思想，也就是那一块光芒耀眼的惊世宝玉，带来的是思想的享受与纪念，是千秋万代的钦佩与汲取，是一个民族、一个大国的光荣与骄傲，却不是锦衣玉食、威风富贵。老子不会不明白这个啊。正是他提出了要为天下谿，为天下谷，处众人之所恶，又何必念叨啥『褐衣怀玉』呢？大师，您这是咋儿了呢？

## 第七十一章　病病不病

知不知上，不知知病。

夫惟病病，是以不病。

圣人不病，以其病病。

夫惟病病，是以不病。

知道什么自己是不知道的，或虽知道、而宁愿按并不知道去把握去行事，这乃是最上乘的智慧。不知道自己有所不知道，或不知道而自以为知道，不知道而做出知道的样子，则是一种毛病，是一种疾患。

只有知道自己的毛病和疾患了，才能消除这种毛病疾患，也就不是毛病疾患了。

为什么圣人没有这种毛病疾患呢？就因为他们能将自己的毛病疾患当成毛病疾患看，不讳疾忌医，不死不承认自己有毛病疾患。

正因为将毛病当毛病，所以就没有毛病了。

从含义上说，这一章与更加流行的孔子讲的『知之为知之，不知为不知，是知也』大致相同。但是老子的文风更玄妙一点、拗口一点，以至于读起来如绕口令。这并不是老子故弄玄虚，而是老子追求着更大的概括性、灵动性、伸缩性。老子希望人们了解的是『病病反而不病，不病反而病』的辩证道理。这就不仅是知与不知的问题，而是病与不病的问题，是事物的辩证关系问题了。

这是一个绕口令，也是一个认识论上的有趣的讨论。知道自己不知道什么，知所不知，那这究竟算是自己有所知，还是无所知呢？老子回答说，这是有所知。因为知道自己有许多无知不知，这不会坏事，不会带来灾难。而自以为无所不知，什么都要瞎干预瞎指挥，就会害人害己，贻害一方，你的地位越高，危害就越大。

那么不知道自己不知道什么，不知道却自以为知道，或做出知道的样子，这算不算知道呢？这算不算智慧呢？当然不算，这是一个危险的情况，这是一个灾难的预兆。强不知以为知，你要完蛋了。还有各种伪知，例如迷信，例如自命神异，例如个人崇拜，都是『不知知病』的表现。

至今仍然见得到这样的人，无所不知，万事皆通，道听途说，夸夸其谈，尤其是在公众场合或者在传媒面前，他一再表现自己的万能博士、攻无不克的特色。其实只要有一次，他能回答一次『此事我不知道，此点我不明白』，也能大大增加他的公信力啊。他怎么就硬是不明白呢？

在英国首相布莱尔决定提前离任后，对美国作了一次任期内的最后访问。其间他与布什总统联合举行记者招待会。一位记者问布什，你是否认为是你的伊拉克战争导致了布莱尔的提前下台？布什听了这个问题，显得有些困惑，他说：『你的意思是说我对他的提前离任有责任吗？这个，这个，这个我不知道……』我认为，这样的『我不知道』的答话，这样的『知不知』式的回答，会比任何圆通的外交辞令更令人易于接受。

是的，老子讨论的不仅有知与不知的问题，而且有病与不病的问题。这是孔子所说的『是知也』的名句中所没有的。老子强调要拿病当病。夫惟病病，是以不病，这对于统治者尤其重要。

夫惟病病，是以不病，一章里重复讲了两次，可见其重要与困难。一般的人，容易病物病他，病环境，病社会，病老板或者下属，病运气，病自己择君非圣、择偶非人、择业非当、出生非时、国籍非地……总之除了自己美好而又冤屈以外，什么事什么『点儿』也没有碰对过。谁能病病，谁能不病，谁能不患？就是说不得，这种见到自己的病、不承认是病的臭毛病，能病自身之病，这几乎快要成为圣人啦。

中国人重视修身，重视反求诸己，重视反思，重视通过调整自身来改善自己的生活质量。这不应该与改造环境的努力对立起来，而可能成为更有效地改善环境、造福群体的一个前提。一个永远看不到自己的毛病自己的病的人，能够指望他为群体除病吗？群体的病除之后，他的病岂不更加突出了？

病病不病，不知知病……有点像念咒。通篇《老子》，常常不拒绝绕口令式的文风。这种文风可能带来游戏的快乐，如『不吃葡萄倒吐葡萄皮』，也可能带来深思、神秘感、崇敬感与形而上感如佛教的『般若波罗蜜』：『是故空中无色，无受想行识，无眼耳鼻舌身意，无色声香味触法。无眼界，乃至无意识界。无无明，亦无无明尽。乃至无老死，亦无老死死尽。无苦集灭道，无智亦无得。以无所得故……故知般若波罗蜜多，是大神咒是大明咒是无上咒是无等等咒……』即使你基本不懂这段佛学经典的含义，读之诵之，有所感佩焉。

老子正是在绕口令式的文体中，在汉字特有的同一个字既作主语用也作谓语用还作补语用的使用中，他训练人们的辩证思维能力，他启发与驱动人们的概念推演、概念游戏、概念生发、思想扩展能力。例如病病与不病，不病与病，知道自己有病反而不会大病，讳疾忌医则会造成大病，这个意思很好，也不难理解。说成了夫惟病病，是以不病，拗

起口来了，但也更玄妙有趣起来了。

修辞用词，也是推进思维与精神境界的一种途径。而且这种拗口式词句，别有魅力，别有趣味，略有难读，终于好记，如同吃粘牙的糯米，更富口味与感觉上的快感。

思想、材料、文体、修辞，这是一个整体。老子的特殊的文体——文言，押韵，简要，绕口，循环，往复，与他的思想奇绝、玄妙、高端、深远、无限是密不可分的。用白话文或英语来表达，其成色一下子打了许多折扣。伟大的道可道非常道啊！

本来以为这种绕口令式的深刻文体，只有中国尤其是老子才有，想不到的是，我在美国前国防部长拉姆斯菲尔德先生的言语中发现了类似的巧合。下面引用的这段话是他在二〇〇三年回答记者关于伊拉克的大规模杀伤性武器问题时讲的，曾被某记者俱乐部评为当年的『文理不通奖』冠军。从中可以看出拉部长谈到伊拉克大规模杀伤性武器时的窘态。但如果抽象出来，作为哲学论述、认识论论述，则不无精彩、不无可以与老子的这一章相对照的可圈可点之处。我将之译成了文言文，愿与读者共飨。

他是这样说的：

As we know 吾知之

There are known knows 知有所知

There are things we know we know 吾知者吾知



We also know 吾亦知

There are known unknowns 知有所不知

That is to say 即谓

We know there are something 吾知吾

we do not know 有未知者

But there are unknown unknowns 并有不知所不知者

The ones we don't know 某物吾未知者

We don't know 吾未知也

从国际政治的角度看，这样谈伊拉克大规模杀伤性武器问题，是窘态下的自辩，这其实也不足为奇。政治家有时需要强辩苦撑，对此，我不必在谈老子时置评。拉先生的策略是把国际政治乃至和战问题武器核查问题哲学化、认识论化，于是出现了上述奇文，我把它用文言文一译，还真有几分精彩喽！

至于老子的这一章文字我设想与春秋战国时期群雄并起、士人纷纷自我兜售的情况有关。历史上只有一个秦始皇统一了六国，建立了自己的其实是短暂的但自己以为是千秋万代的永世基业。但各诸侯国都在争着做始皇，都在急着推广自己的一套方针政策谋略。这个时期，志大才疏的人太多了，自以为无所不知的人太多了，讳疾忌医的人太多了，不知知病的人太多了，牛皮烘烘的人太多了，老子乃提出了这样一个学风问题。他想灭火，他灭不了。

## 第七十二章　是以不厌

民不畏威，则大威至。

无狎其所居，无厌其所生。夫惟不厌，是以不厌。

是以圣人自知不自见，自爱不自贵。故去彼取此。

如果民人不害怕不在意你的威权威力权力威胁，那么更大的威力——更大的或最大的威胁即危难就要到来了。

不要与民人的安居乐业捣乱作对，不要挤压妨碍民人的谋生过日子。只有你不压迫他，他才没有被压迫感。只有你不讨厌他们与他们对着干，他们才不会讨厌你与你对着干。

所以圣人要有自知之明，但不是表现炫耀卖弄自己。圣人懂得自爱，但并不把自己看得多么高贵——高高在上。

也就是说，要选择前者（自知自爱），丢弃后者（自见自贵）。

老子的许多教训是针对统治者的。他也给统治者提过类似愚民政策的建议，而且中国历代统治者确实接受了这种愚民政策的负面影响。虽然作为哲学家，老子心目中的愚更多的是指淳朴敦厚，但是到了某些无道失德的统治者那里就变成了愚弄群氓，老子难辞其咎。然而老子又确实有一种原始的民本思想，他强调一切问题、一切麻烦都是统治者的责任，必须从统治者身上找原因，找解决办法。他主张以百姓之心为圣人之心，主张精简行政，损之又损，以至于无为。他的无为而治的主张至少有不扰民、不干涉过度、不损害民利的因素，有小政府大社会的因素。可惜的是，国人并没有此方面的实践经验。这里，他又从威讲起。



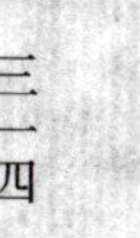

威是什么？威严、威信、权威、威力、威武、威胁、威逼、威吓、威压，等等。后四个词是纯粹负面的，而前五个词很可能是正面的。还有一个词就是『威猛』。我想起一位长期以来积极参加各种政治斗争的举止极其有派的老作家。当年轻一些的同行们告诉我他是如何如何『威猛』时，我实在忍俊不禁，并从而结结实实地学会了『威猛』一词。此前，我很少见过更没有使用过这个词。

前贤解释《老子》，极注意把『民不畏威，则大威至』的前一个威与后一个大威区别开来，似乎前一个威是好威，后一个威是坏威。就像有的学者注意把愚与愚笨区别开来，把无为与无所作为区别开来。

其实不必。老子是主张『唯之与阿，相去几何？善之与恶，相去若何』的，到了庄子那里明确提出了齐物论（有点像后现代的所谓一切东西都存在于同一条地平线上或同一平面上的理论），我们后来学者何必那样辛辛苦苦地从文本中并不存在的缝隙中增加对于老子的语词的分清善恶曲直的自作多情的尝试呢？

威就是威，大威小威都是威。威是什么，是一种加害于对象的力量，一种自然的破坏力或人为暴力，至少是潜暴力的预告。威是一种提前的施压效应。

阳光明媚，惠风和畅，万物生生不已，我们不会此时称道自然之威，而是赞美自然之恩泽仁厚。而当雷电交加、狂风怒吼、山洪暴发、海啸、雪崩、地震、泥石流滑坡之时，我们不能不承认乃至赞颂大自然之威力无比。

而一个统治者、管理者的威严，当然与他有可能加害叛逆者、不服从管理者、摧毁他们的反抗有关。仅仅是热爱人民、

智慧、善良、无私、天才，可能令人佩服或者爱戴，但都不足以有威。领导人并不是慈善家、传教士、老好人、老大妈，不论什么样的政权，都有自己的加害于敌对势力的手段，也是使你就范的手段。当然为了使你就范，仅仅有威是不够的，仅仅善良也是不够的或者更加不够的。中国早就有一个通俗的说法：恩威并用。

百姓不害怕你的威，更大的加害性事件或更严重的乱局，即更大的灾难危险就会出现了。

那么什么情况下会出现民不畏威的情势呢？老子没有细讲。但我们似乎应该联系下文来体察老子的用意。他强调不要扰民，要让老百姓安居乐业，让老百姓有以为生，过太平日子。一句话，不要与民人的正常的淳朴的自然而然的要求愿望对着干。再说通俗一点，千万不要害人，害老百姓。你害得老百姓活不下去了，你的加害能力已经无缘无故地透支了挥霍了用光了用满了，你的加害民人的行为已经躲也躲不开了，民人除了反抗还有什么办法？既然要反抗，既然已经官逼民反，怎么还可能怕你呢？

老子的着眼点仍然是统治者，他始终采取一个给统治者进言的姿态，给以忠告的姿态，有时候是忠言逆耳的架势。他劝统治者低调一些，让老百姓活得自在一些。那时的中国还没有自由的观念，但有自在（『自由自在』的『自在』）的观念：唐尧时期已经有《击壤歌》歌颂：『日出而作，日入而息，凿井而饮，耕田而食，帝力于我何有哉！……』看来恰恰是唐尧时期，有那么一点无为而治的理想色彩。

所以老子要求统治者『自知不自见』，有自知知人之明，有知识有经验，但是不要动辄显摆自己。身为统治者还老找机会炫耀自己，是可笑的，是对庶民的不尊重，是讨嫌。『自爱不自贵』，也很好，自己爱护自己保护自己乃至







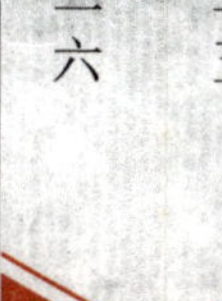

自我优待一下，都还行，但切不可高高在上、称王称霸、穷奢极欲、脱离民人。

老子一贯主张，在庶民面前，统治者要注意谦恭谨慎，这当然是有道理的。现代的政治家也要注意——至少是注意树立亲民形象。

说完了怕不够，怕引不起统治者的足够重视，于是再重复一遍：要去彼取此，叫做有要、有不要。这些，可以算是语重心长了。

## 第七十三章 天网恢恢

勇于敢则杀，勇于不敢则活。此两者或利或害。天之所恶，孰知其故？是以圣人犹难之。天之道不争而善胜，不言而善应，不召而自来，繟然而善谋。天网恢恢，疏而不失。

勇于去妄为，就会丢命。勇于断然停止和取消妄为，就会存活。这两种勇，一个对人有利，一个对人有害。上天就是不喜欢、厌恶人的妄为，谁能说得清它的缘故呢？

所以就是圣人也会感到不易明察：天道是这样的，不争夺争斗，却总是胜利。不说太多的话，但是总有人响应。不用召唤，却都能到来。大大咧咧，慢慢腾腾，却能够安排谋划得很好。

上天的安排像是结就了网，虽然粗疏，却从不失误，从不会漏掉什么要紧的关节。

老子是强调养生的，他常常为弱者弱国打算，所以他强调的勇，不是去冒风险而是停止去冒风险，不去妄为。说不定这与春秋无义战也有关系，所以老子并不提倡拼命争斗，不提倡轻生轻死，不提倡战斗到最后一个人，不提倡献身成仁，而是提倡『勇于不敢』。

你可以说老子是在为勇正名，也可以说老子在颠覆勇之名。迄今为止，人们说的勇当然是勇于敢，白话文中的勇就是勇敢，而不可能是勇于不敢。

但是老子颠覆性地提出了一个问题：勇于冲锋是勇，那么勇于停止冲锋、勇于不冲、勇于撤退、勇于停战、勇于妥协，算不算勇呢？猛冲猛打当然需要勇，需要不怕牺牲，不怕付出代价，那么勇于不敢呢？

例如重庆附近的钓鱼城，从一二四三年至一二七九年坚守孤城三十六年，挡住了元军的攻击，击毙了蒙哥汗，影响了元军西征欧洲，改变了世界历史，元军誓破城后屠城报仇。最后，宋朝已经灭亡多时，守将王立开城投降，保护了全城百姓。对于王立的评论，一直处于两个极端，反对者认为是投降，是叛徒；赞扬者认为宋朝已经灭亡，抵抗无益、无理、无必要，只有勇于承担才能保民利国。王立，按照老子的观点，就是勇于不敢的了。

韩信的受胯下辱——被几个流氓要求从胯下钻过去，则是由于韩信有大志，不必与市井无赖纠缠，更不必为市井无赖付出代价。他也是勇于不敢与小流氓斗，但他勇于率军与项羽打仗，所谓小不忍则乱大谋是也。

但综观韩信一生，对他的为人的评价并不很好。尤其是他的睚眦必报——待到他发达以后，所有的微小私仇他都要报复，令人觉得狭隘小气。他的凶险的下场，想来有咎由自取的因素。

比较没有争议、为万世景仰的则是蔺相如。为了大局，他勇于不敢与廉颇内斗，处处避让廉颇武夫式的挑衅，终于感动了也教育了廉颇，最后廉颇负荆请罪，其故事其境界令人佩服。

事物总有两个方面，有退让就有不让，有坚决就有灵活，什么事都针尖对麦芒，其实是小气鬼。所谓一日之短长，所谓意气之争，所谓名分之争、蝇头小利之争，只能降低自己，而与所谓赢输勇怯无关。

说是上天厌恶那种『勇于敢』，但是莫知其故，这话说得有些突兀，因为他一直讲类似的不争、不冒险、要无为的道理，一直说这是大道，是天意天道，为何到了这里又出来一个『孰知其故』呢？

这里透露了一点老子的自我矛盾的心情。他未必认为当时的环境下不需要进行必要的抗争、必要的冲刺、必要的奋斗与牺牲。他确实看到了，除轻举妄动的勇敢分子、糊涂人、冒险家、野心家以外，确实也还有许多英勇无畏的人物、愿意为理想为道德为庶民为百姓杀开一条血路的人物存在。但同时他看到了这样的奋斗者、牺牲者、先行者付出的代价太惨重，成本太高昂，效果太微小，距离他提出的返璞归真、皈依大道、无为而治、不教而自化、不言而应、不召而来的理想境界何止相距十万八千里！他不能不问，天哪，孰知其故啊！

于是老子安慰自己，天道是缓慢的、大大咧咧的，天网是粗疏的、不缜密不细腻的，似乎马马虎虎的，好人未必立马有好报，坏人未必立马有恶报。但是我们必须放宽心思，放长眼光，假以时日，好人好事终将好报，恶人恶事终将遭受惩罚。天网恢恢，疏而不失（现一般作疏而不漏）已经成为俗谚，成为国人的文化心理与共识。你能怎么办呢？只有假以时日，只有相信天网天道，天网不会漏过对于坏人的惩罚，天道也不会忘却对于好人善行的报答。

有一个『孰知其故』的说法，透露了老子的『天网恢恢，疏而不失』的名言中既有对于天网的称赞崇拜，也有对于天网之『疏』的未必全无微词。这是我的一个发现，不知能否站立得住。识者教之。

然而，老子忘记了他的名言了吗？天地不仁，以万物为刍狗，何必赞扬，又何必微词呢？

## 第七十四章　民不畏死

民不畏死，奈何以死惧之。若使民常畏死，而为奇者，吾得执而杀之，孰敢？常有司杀者杀。夫代司杀者杀，是谓代大匠斲。夫代大匠斲者，希有不伤其手者矣。

民人连死都不怕了，你为什么还要用死来吓唬民人呢？如果能做到让民人贪生怕死，谁胡来，抓起来杀掉他不就得了，谁还敢胡闹？

有专门管生死的机关或部门管杀，请不要代替这种专门力量与分管部门去杀人、去处死犯人。代替这种专门机关或部门去杀，就好比代替木匠大师去砍削木头，怎么可能不伤到手呢？

这是一个家喻户晓的警告，这是一句充满力度与激愤的言语。民不畏死，奈何以死惧之。许多革命者、抗争者引用过这样激烈而且悲愤的话语。

同时老子也向统治者进言，不要以为老百姓永远那么怕死，你把老百姓逼急了，他们也会不怕死的，到那时候可就不好办了。

事情很简单，一切政权的镇压反抗的手段，都是建立在人的趋利避害、贪生怕死的预设前提之上的。为什么奖金有诱导力？奖金能够帮助你活得更舒服、更富裕也更光彩。为什么囚禁有阻吓力？因为囚禁使你无法享受生活的快乐。为什么死刑有更大的威慑力？因为一经处死，人再也活不转，人再也没有生的享受了。

但是如果矛盾太尖锐，仇恨太大，就会使一方宁肯死也要与你斗争到底。如《尚书》所言：『时日曷丧，吾与汝偕亡！』报复比自己的生命还重要，只要能要你的命，我甘愿赴死。有时这种情况叫做『官逼民反，民不得不反』。到了此时，你的各种奖惩手段、抑制与激励手段也就基本上失效了。

『九一一』后，美国要求阿富汗的塔利班交出本·拉登。塔利班的一位发言人宣称：美国拥有一切，而塔利班一无所有。他说，他们拥有的只有自身的身体与生命，他们渴望为圣战而死，就像美国人渴望生活渴望活一样。

这确实是一个严重的问题，而且这个问题仅仅靠军事打击解决不了。

那些有杀人能力的人与机构，应该认真想想两千多年前老子的这一警告。

代司杀者杀的说法相当含蓄。它有多重解读的可能。第一，谁能生杀予夺？原则上只有天，只有大道才有这个职责与权力。统治者不要替天杀人，替天杀人者会自伤其手指。第二，谁该杀谁不该杀，应该有专门的机构和人员去操作去执行。君王大臣，不要轻易下令杀人。说得现代一点，杀人（判死刑的事）应该专业化、专门化、专职化；处死与行刑的权力与事务，应该收拢到某个专门的机构或人员上去，不可任意广泛化，不可放权，不可变成一般行政事务。

不知这算不算分权思想的萌芽。

## 第七十五章　难治轻死

民之饥，以其上食税之多，是以饥。

民之难治，以其上之有为，是以难治。

民之轻死，以其上求生之厚，是以轻死。

夫惟无以生为者，是贤于贵生。

民人为什么饥荒？因为在上的人吃掉用掉了太多的赋税，所以就发生了饥荒。

民人为什么难以治理（不听调度）？因为在上的人老在那里找事干（上边对老百姓提的要求太多、花样太多、让百姓干的事太多），所以民人就不听上头的指挥了。

民人为什么轻忽生死？因为上边的人生活得太奢侈富裕了，所以民人对于死的危险也不在话下了。

那些并不特别看重自己的生存生命的人，那些自然而然地生活的人，比特别宝贵看重自己的生存的人更高明。

老子在这里替百姓吐了点苦水。

这一章话语也很有分量。老子指出，治国方面的一些麻烦、一些政治困局，其实是统治者自身造成的。为什么饥荒？统治者们太多吃多占了，苛捐杂税、徭役负担已经让民人无法承担了。这里既有实际的食品消费品数量产量问题，也有相对公平不公平的问题。如果共体时艰，统治者圈子里的人员即『上面』的人员与老百姓一起艰苦奋斗，乱局就不会出现得如何严重。而在上者穷奢极欲，老百姓啼饥号寒，朱门酒肉臭，路有冻死骨，还想让国家不出现乱局变局，那是根本不可能的。

民人难以治理，不听上头的话，是怎么发生的呢？老子认为上头要做的事越多，做出的指挥越多，各种智谋花招手段策略越多，老百姓也就越发刁恶，越发不听你的那一套。为什么呢？因为你的花招启发了他做事是可以耍弄花枪的。你的要求提醒了他，那么多要求是不可能实现的，而且你是不体谅老百姓的疾苦的。于是你有政策他只能答以对策。

你想干的事情太多，任务多，说法多，道理多，许诺也就太多，而兑现的就会越少，空头支票就会泛滥，上头就会屡屡失信于民，上头的威信就会越低，民人不就成了难剃的头、成了刺儿头了吗？

上头的指挥治理如果背离了无为，即令民人自己过日子的大道，一切就会适得其反。

民人为什么连死都不怕了？这里又呼应到民不畏死上来了。老子的说法也很别致，你越是活得高级、享受、优裕、奢华，老百姓就越是要与你拼命，自己不活了也要让你活不下去。这不能不让你想起塔利班的那个逻辑。你越想活，我越想死。你大活特活，你高消费高指标高纵欲……只会使我越加绝望，越加愤怒，越加狂暴，越要采取极端行动。

这里老子讲的民之轻死，恐怕不仅仅是轻视自己之死，不惜以死相争，而且也包括了轻视生命之死，或是期待着用死亡来回应『其上』的『生之厚』。

当然，作为当代国际政治事件，我们是谴责反对恐怖主义的，我们也完全无须以老子讲的轻死现象与现在的恐怖主义相提并论，但是，一些『成功者』与在上者的生之厚，会成为另一些『失败者』与在下者、弱势者的轻死的根源，

老子当年能提出这个命题，堪称振聋发聩，今天也值得掩卷长思。

于是，老子反过来奉劝那些生之甚厚、享受得登峰造极的人，其实不如听其自然，过一种更自然更朴素的生活，才是更健康。

这使我想起二十世纪八十年代与周谷城的一次谈话。他已经九十多岁高龄了，我问他养生之道。他回答说，我的养生之道可能别人不容易接受，就是说，我的养生的关键就在于『不养生』三个字。妙哉，周老庶几达到无以生为者、是贤于贵生的境界喽。

周老的说法也令人想起相反的情况，神经质地贪生怕死，过度的营养、保健、进补、医疗，对于自己的健康状况生命状况的疑神疑鬼，更不要说穷奢极欲了，那不是自取灭亡又是什么呢？

## 第七十六章　柔弱处上

人之生也柔弱，其死也坚强。万物草木之生也柔脆，其死也枯槁。故坚强者死之徒，柔弱者生之徒。

是以兵强则灭，木强则折。强大处下，柔弱处上。

一个人，活着的时候是很柔弱的，而他死后才会变得坚硬难以曲弯。就像草木，活着的时候是柔软脆弱的，死了也就枯干坚硬了。所以说，坚硬与强直，是死的结果、残废的派生物。而柔软与易于曲弯，才是生的表现、生的结果。

所以说，兵强硬了，就会灭亡，树木强硬了就会折断。强大的位置在下边，而柔软曲弯的位置才是高出一头的。

老子喜欢作逆向思维，坚强、勇敢、智慧、有为、仁义、美善都是褒义词，弱、不敢、愚、无为、不仁、不义、不美、不知都不像是好词，都似乎带着贬义，但是到了老子这里给它们翻了一个个儿，使一批褒义词的后果即后续效应变得可疑起来，严重起来。老子搞了一个概念革命，『名』的革命，使诸概念面目一新，使老子的论述如闪电划破了夜空，如惊鸿突现了倩影，你的思想也从而一亮一惊一变。

坚强并不是一个古代常用的词儿，《辞源》与《辞海》上都没有这个词。二十世纪六十年代的《新华字典》里对于坚强的解释则是『不动摇』，这显然已经把这个词与中国革命的具体实践联系起来了，于是坚强便是一个极好极光荣的品质了。当代《现代汉语词典》中对于坚强词条的解释是『强固有力、不动摇』，也绝无贬义。

但是老子这里使用的坚强一词，却是贬义的。有的专家便干脆将之解释成『僵硬』。现代汉语中，坚强与僵硬恐怕实在不能混淆互用。倒是汉英词典中，将坚强译为adamant、adamancy；而在英汉词典中，将adamant、adamancy解释为坚持与固执，那么在英语中，坚强便是一个中性的词了。语言本来不是意识形态，但是从《新华字典》、《现代汉语词典》与汉英词典、英汉词典的对于坚强与adamant、adamancy的解释中，我们不难看出意识形态的影响——西方人认为坚强可能是固执、顽固，而当代中国强调的是坚强即不动摇——这是很有趣的。

而老子对于坚强的理解与当代中国的革命家不同，他确实是在强调坚强之为僵硬的负面特色。

老子有一个惊人的发现：坚强是死的特征，而柔弱是活物的特征。

我们今天的人，也许宁愿选择柔韧来取代柔弱一词。柔性，可以弯曲，可以变形，可以压缩，可以抻拉，叫做经蹬又经踹，

经铺又经盖，经拉又经拽，经洗又经晒。这些只有柔软的布匹才能做到，而坚硬的铁片是做不到的，更不要说其他片片了。

这反映了老子所处时代的某些特色，混乱、争斗、不稳定、无义战，都在做个人争霸、地区争霸，却无关民族大义，危机四伏，互相砍杀。这个时候如果任意坚强一番，只有白白完蛋之下场。

中国历史的严峻性使中国文化富有一种应变能力、自我调整的能力、百挠不折（以老子的思想方法，其实百折不挠与百挠不折，表面看来相反，实际道理同一）的能力、适应能力与再生能力。这有一点柔弱赛过坚强的意思。历史上有过许多大帝国，如罗马帝国、波斯帝国、奥斯曼帝国等，固一世之雄也，而今安在哉？而中国居然历尽艰险灾难而不亡不中断至今，并正在创造着历史的新篇章，这恰恰与中国文化所提倡的与文化本身就具有的这种柔弱之道、柔韧之道有关系。当然同时必须将斗争之道、反抗之道、英勇不屈的坚强之道弘扬开来。

同样搞了社会主义，搞了改革，苏联、东欧国家就改垮了，中国就改出了新生面。这也与国人的柔韧思想有关。例如市场经济，按照社会主义或资本主义的『坚强』的意识形态，它与社会主义不能并存，但是恰恰在中国，用坚强者认为相当吊诡的社会主义市场经济挽救了中国挽救了党为中国开辟了新的前景。

顺便说一下，港台喜用的『吊诡』一词源自《庄子》的《齐物论》，老子庄子都是吊诡的大师。生也柔弱，死也坚强；无为而不为；兵强则灭，木强则折；坚强处下，柔弱处上。这里的每一个命题，无不带有吊诡的味道。有了这样的吊诡的超常思辨传统，谁能消灭、折断中国与中华文化？

老子也有概念游戏，他说的是兵强则灭，其实并不是说兵弱必胜，也不是兵强必灭。他说的其实是兵太强了，用兵僵硬，兵法呆板，因强而骄，因强而粗心大意，因强而战线过长、补给过长、对困难估计不足，反而容易失败。就像龟兔赛跑的结果是龟胜兔败一样。老子这里的强字，恰恰是从它的最负面的意义上使用的。

木强则折也是一样。严格地说，柔韧也是强而不是弱的一种表现、一种特征。这里讲的易折的强其实不是真强，而是枯槁而又全无弹性、适应性、可塑性、可调节性的所谓强，这是傻强，是死强，是干巴巴的强，是无内容无生命力的强。而如果是干将、莫邪的剑器的强与锋利，那就不是强的折断，而是剑的吹毛断玉、削铁如泥了。那时，柔弱的毛与至少比剑锋柔弱的玉与铁，就都胜不了干将、莫邪的宝剑了。

当然，事物同时有另一面，如果一把剑过于锋利，它也就容易卷刃，容易受损，如果它的砍杀的对象是一批柔韧的橡胶、塑料、纤维，尤其是如果宝剑意欲劈杀的是老子最欣赏的流水，那么，单凭坚强与锋利，还真是未必能胜。

以柔克刚，以弱胜强，是一种中国人特有的理念，它与月盈则亏、水满则溢、物极必反的中国式古老的辩证观念密切相连。因此才有太极拳的发明与流行，才有卧薪尝胆的故事，才有以退为进、明升暗降的计谋，才有水滴石穿、绳锯木断、韬光养晦、多难兴邦、玉汝于成等成语、谚语。而这方面的老子的论述，尤其精辟，有新鲜感，发人深省，助人渡过难关，也帮助了中华民族大难不死，劫后重生，因祸得福，屡败屡战，否极泰来，永不灭亡，永放光芒。

## 第七十七章　天道与人道

天之道其犹张弓与？高者抑之，下者举之。有余者损之，不足者补之。

天之道，损有余而补不足。

人之道，则不然，损不足以奉有余。

孰能有余以奉天下？惟有道者。

是以圣人为而不恃，功成而不处。其不欲见贤！

天道、自然之道，岂不是和拉弓一样的吗？哪里抬得过高了，就往下压一压；哪里举得不够高，就抬高一些；哪里用力太过了，就往回松一松；哪里用的力气不足，就加一点气力。

天的大道，是（将力量）从有余处、从过于饱满膨胀的地方，调剂给不足处、调剂到过于瘪凹空乏的地方。

而人们习惯于做的规则恰恰相反，人是在反着来呀，是损害与剥削本来就不足——弱势的、被侮辱与损害的人，拿去供奉侍候那些有余的、撑得脑满肠肥的人。

那么人当中有没有把自己有余的东西拿出来供给天下的呢？也有，那就是真正懂得大道的圣人了。

所以说圣人，虽然做了许多好事，但绝对不居功自恃；虽然取得了巨大的成功、事功，但是不将这些功劳视为己有，他们丝毫不向往不追求不表现自己如何如何贤能伟大。

以拉弓作比喻指拉弓要有一种准确和平衡，高低、强弱、满损都要适宜，才能拉开好弓，瞄准目标，才能一箭射

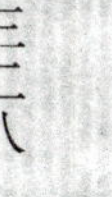

到期望的目标。拉开弓并不就是完事了，因为你拉弓的目的是射箭，你必须稳定、平衡、准确，不能太高，太高了要降下来；不能太低，太低了要抬起来；不能太满太用力，太满太用力会造成弓弦力量的不平衡，会造成箭的不知去向；不能太乏，太无力，无力处一定要加力。整个弓必须拉得如同满月一样浑圆完满平静稳妥，才能一箭中的。以拉弓作比喻，是因为张弓必须调整均匀平衡稳妥。

大自然也是这样，太冷了，天气会逐渐转暖；太热了，天气会逐渐变凉；月盈了，太饱满了，就会逐渐亏损；风太大了，终将停息；太干旱了，可能有大雨降下；太洪涝了，也许能积下淤土。灾难过后应该有好运，惊雷闪电以后应该是风平浪静。

（这其实是老子的愿望，并不就是现实。天公果然是那么讲平衡讲妥当的吗？难说。天地不仁呀！它才不管你平衡不平衡呢。）

以张弓比喻天道，确实比用水、婴儿、玄牝、橐籥（风箱）来比喻更难说清。或者让我们从强调张弓的平衡、均匀、稳定、准确，注意自我调整方面体悟一下吧。

但下一段话十分尖锐严厉，他说，人之道是与天道背道而驰的，老子假定天道是往平衡里走的，是调剂有余的一切提供给不足的方面的，例如水大了会往水少的地方回流，树多了会往树少的地方繁殖。而人间的法则恰恰相反，是压迫损害不足的贫弱的人向富足的人进行供奉，是穷人更穷，富人更富，是从贫弱处向富足处倒流财富。这个批判太严厉了，几乎是反剥削、反压迫的同义语，几乎是『造反有理』的同义语，几乎是号召革命。无怪乎历代农民起义都

要扯起『替天行道』的旗帜，就因为老子已经讲了，人之道与天道是相反的，替天行道的意思就是要把人之道反过来。用毛泽东的说法就是把被颠倒了的一切再颠倒过来，就要革人之道封建之道帝国主义之道的命，就是要恢复、唤醒损有余而补不足的天道，要劫富济贫、抑强扶弱、打土豪、分田地、剥夺剥夺者……

老子希望有圣人出现，这些人也是有余的，是富裕者而不是匮乏者。不论在物质上或是精神智慧上，他们的所有所占所得高于贫弱愚昧的大多数。但是他们懂得：自己已经得到的太多太多，再不应该希图得到更多的供奉侍候服务。他们认识到：自己的任务是拿出一些所得来帮助贫弱者们，是降降自己的生活服务荣誉的格儿，拉近与百姓与弱势群体的距离。

能做到这一点就是得了大道了，可见做到这一点有多么不容易！

人的特点是眼睛向上，你已经颇有点养尊处优了，但是你会盯着那些比你地位还高、能力还低、享受还优渥、贡献还小的人，你老觉得别人欠着你的，你总是冤屈、不满足。如果是反过来，你看一看有多少比你强的人，命运却远不如你，你还会是同样的愤愤不平的心情吗？

你开始把思路往这方面转化了吗？若是，你就开始『入圣』了，『得道』了。那么圣人比非圣人更快乐，更坦然，更光明也更自信。

老子的哲学并不是畏畏缩缩的哲学，不是哆里哆嗦的哲学，不是内心恐惧的哲学，而是光明坦荡、高尚无私、胸有成竹的哲学。

为什么这里又扯上了『为而不恃，功成而不处。其不欲见贤』的前边其实已经讲过若干次的教训了呢？也是从这个有余与不足的平衡问题上说起的。圣人认为，自身得到的已经太多了，自身已经是有余者而不是不足者了，圣人早已知足常乐，圣人想的只是怎么样对天下多做奉献，减少自己的享受与名望，把自己已经获得的好处分一点给旁人，而不是自身再锦上添花，再加什么美名什么功绩什么威望什么头衔，更不要居功自傲，自吹自擂，贪得无厌。

这样一个态度，这样一个认识实在是太宝贵、太难得了。想一想当今我国某些自命成功的人吧，他们有几成做到了这一点？越是成功的人越方便为自己炒作吹嘘；越是有钱的人越是有条件炫耀摆谱贪婪图财；越是确实读过点书并被公众承认的智者，越有可能高高在上，自命不凡，脱离众生也脱离大道。这还是说得最好的那些人。等而下之的呢，一瓶子不满半瓶子晃荡的呢？他们当中某些人的贪欲，某些人的损不足以奉自己的劲儿，某些人的理论不联系实际只联系实惠……他们的丑闻丑态与装腔作势，他们一定比凡人百姓更清高更神圣吗？呜呼，哀哉！

## 第七十八章　受国之垢

天下莫柔弱于水。而攻坚强者，莫之能胜。以其无以易之。

弱之胜强，柔之胜刚。天下莫不知，莫能行。

是以圣人云，受国之垢是谓社稷主，受国不祥是为天下王。正言若反。

天下没有什么东西比水更柔弱，但是用以攻打坚强的东西，没有比水更难以战胜的了。原因在于，水本身、水性

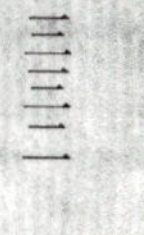

是对方无法改变、无法予以变化的。

都知道以弱胜强、以柔克刚的道理，但是没有谁能做得到。

所以圣人说，能够承担国家耻辱的人，才是社稷（国家）的君主。能够承担国家噩运与灾难的人，才是天下的君王。

这里说的正面的意思，却容易被认为是反话。

老子再次讲水的力量，如前面已经讲过的。历代学者都将水的『莫之能胜』的原因在于『以其无以易之』解释为水是不可替代的。这实在不能讲得通。一边是柔弱的水，一边是坚强的对手，例如铜墙铁壁，例如岩石山崖，结果是水，谁也胜不了它，原因是水无可替代，这句话通顺吗？它的无可替代是什么意思呢？是说它一定胜利吗？一定胜利如果是无可替代的，那么胜利是原因，无可替代是结果，而老子明明说的是水永远胜利的原因啊。恐怕不是什么无可替代，而是对手一方无法改变无法变易水的存在，无法改变水性水力水量还有水的不屈不挠、无止无歇。水冲上来了，在铜墙铁壁或者岩石山崖前撞个粉碎，然而水还是那么多水，还是那么大潜力，还是会不断冲撞上来（虽然有缓慢的蒸发，但那并不是铜墙铁壁或岩石山崖的作用，无碍大体），还是不会变易变形变性变力的。而恰恰是经过一段时间，变易了的是铜墙铁壁，是岩石山崖，是锈污、是损缺、是氧化、是风化、是侵蚀，使坚强变易，而柔弱如水者无所变易。

以柔克刚，以弱胜强，是老子的一种理念，也是事物的一个特殊层面道理。这种理念在中国有相当的市场，可能与历代许多国人的弱势地位有关。

然而这并不是绝对的、无条件的。正常情势下，当然是强胜弱。强与弱二词的出现，就是指的实力，强是指较大的实力、较易胜的实力。弱是指较小的力量、较易败的力量。刚胜不胜柔则要具体分析。因为刚与柔指的是形态，不是实力。

正常情势下，当然是欧洲足球强队胜中国队，而不会是相反。这无须讨论。正常情况下是被高科技武装起来的军队胜弱势的军队，这也是肯定的。当然胜负还有其他因素，例如出师有名还是无名，人民群众支持还是反对，指挥得当还是失当，轻敌还是慎重从事，还有是不是哀兵、士气如何，等等。这些因素也是强不强的分野。士气高才强，不可能士气越低越强。

刚与柔的关系更复杂一些。毛泽东的『宜将剩勇追穷寇，不可沽名学霸王』是一种思路，孙武的『穷寇莫追』以及俗话说的『网开一面』也是一种思路。前者着眼于扩大战果，后者着眼于避免过大的牺牲与留下谈判、和平解决的余地。只能说刚柔各有其用，少林与太极各有妙处，软功与硬功各有所长。所谓柔有时是绵里藏针，日本的柔道其实充满杀机。所谓刚也不能够拒绝一切调整与转弯。一味的柔就会成为稀泥糨糊，一味的刚就会成为二百五、十三点、二杆子。刚柔相济的说法是有道理的，强弱易势的可能性也是存在的。

为什么老子抱怨说，他的柔弱之道莫不知、莫能行呢？就因为并不是任何条件下弱都能胜强，不是说中国足球都能胜德法英西班牙队；也不是任何情况下柔都能克刚，不是说太极一定胜少林，或者刺刀，更不要说枪击了。

老子的柔弱之道对于已经处于强势的人很有必要多讲一讲，使之看到强有强的局限，弱有弱的优势，刚有刚的脆弱，柔有柔的坚韧，使他们不要自满骄傲，不要忘乎所以，不要恃强凌弱，不要迅速地走向反面。同时对于弱者来说，老

子的柔弱之道也有利于他们保护自身，避免无谓的牺牲，长志气，不气馁，技高一筹，棋早一步，另辟蹊径，转败为胜。

同时老子的柔弱之道很有学理价值，可以研讨，可以益智，可以深化辩证思维，可以探讨哲学神学形而上学，可以发展抽象思辨的能力。

但这不是一个可以操作的措施。社会越发展，各种竞争就越加白热化、公开化，各种淘汰就越无情。升学、求职、比赛、为商、政治、经济、军事、文化，如果你只有一手，示弱示柔，以为可以凭此取胜，那就成了笑话！强大的对手矗立在你的面前，只有你比他更强大，才能取胜。

柔弱之道还有另一方面，就是承担污垢，承担不祥，承担屈辱，承担灾祸，叫做把荣誉让给别人，把困难留给自己。这也是一种前面讲过的知白守黑之道，勇于承担责任承担误解承担压力之道，国人称这种人为忍辱负重，这是一个大大的好词。这里有一种高尚性与坚强性（虽然老子曾将坚强当做贬义词使用），所以说，只有这种勇于承担的人才够资格当社稷主、天下王。

正言若反，则是老子的思维特色，他常常是逆向思维。常人认为好的，老子告诉你也可能是坏；常人认为倒霉的，老子告诉你那其实是幸运。他得出的结论带有颠覆性乃至爆炸性。

正言若反是因为目光透到了事物的背面，别人看到的是你的颜面与前胸，老子看到的却是你的后脑与后背。

正言若反，还因为老子观棋多看了好几步。你看到了满，他看到了满则溢。你看到了盈，他看到了盈则亏。你看到了祸，他看到福所伏。你看到了福，他看到了祸所倚。

我们也许可以说，其实老子是一个喜欢抬杠的人。世人这样说，可能有点道理；我反着说，似有更深刻的道理，出人意料，出奇制胜。他的智慧具有难得的独到性、异议（另类）性、可辩驳性（如果你有意与老子抬杠，你且有的说呢）、启发性（另是一番天地）、发散性（不必克隆，只需引申）、警示性（他为许多世俗见解如争强好胜、争宠厚生亮起红灯）直到刺激性。

而进一步斟酌，则问题不在于老子的好立与众不同之论，问题在于，反或返，正是大道的特性。事物发展的结果是走向自己的反面，你不但看到了现状，而且看到了发展的趋向了，岂不正言若反？懂得了正言若反的道理，又怎么可能不培养出一种逆向思维的习惯？而逆向之后再逆向呢，不又是正向了吗？

## 第七十九章　天道常与善人

和大怨必有余怨，安可以为善？

是以圣人执左契，而不责于人。

有德司契，无德司彻。

天道无亲，常与善人。

调解巨大的怨仇使之和解，必然还会留下后遗症，还会留下剩下的怨恨没有完全罢休。一次和解并不能使诸事搞掂。

所以圣人虽然手执借据，却并不责备责难欠债之人。

有德性的人掌管借据，没有德性的人掌管收取租税。

天道并不分亲疏，但是天道常常与善人而不是恶人在一起。

大的怨仇是不容易和解的，是难以轻易搞掂的。我觉得『安可以为善』一语恐怕不能仅仅解释为和大怨不是善事，而是说大怨的双方未必就此罢休，我们的话语中叫做『善罢甘休』。我宁愿选择以下的释义：善就是罢休，就是广东话的『搞掂』或北方人说的『搞定』。同时也不排斥善事之解，就是说，既然难以搞掂，也就不可能成为一件完满成功的善事了。

这一章在《老子》中略显突兀，和大怨难道反而不好了吗？其含义恐怕要与下文联系起来读：简单一句话，就是说一定不要结大怨，结了大怨，后遗症大大地有。毋结大怨，毋为已甚，更不要积怨甚多，积怨如山。既然连作为都要无之取消之，那就更不要积怨。提倡无为、无名、无知、无言、无欲、无身、无物、无私、无尤等的老子，当然更要提倡无怨，毋结怨。

天地不仁，天地不怨，无为不言，无怨无悔，知者不言，知者不怨。辩者不善，善者不辩，善者更不怨。

前文已述，老子喜欢从最彻底处最根源处最高耸处立论。如何才能做到宠辱无惊呢？大患在于吾身。及无吾身，何患之有？如何能无尤（没有过失）呢？干脆不争，不争故莫能与之争，功遂身退，作而弗始，生而弗有，为而弗恃，功成而弗居，你近于零了，还有什么过失？他对于大怨的观点也是如此，积了大怨再去和，晚了，不算什么善事善行了，也不可能善罢甘休了，必有余怨了。

手执左券的比喻是说得理也要让人，不要得理不让人；得理也要容人，不要得理不容人，虽有借据也勿搞逼债。

这个比喻也可以是说明一种精神状态：借据在你手里，你的精神空间是宽裕的，你没有那种局促感、紧迫感、焦虑感。

不责于人，也不是绝对不责。前文中对于『朝甚除，田甚芜，仓甚虚。服文彩，带利剑，厌饮食，财货有余』的人，称之为『盗夸』，已经责备了。但与无德者那种得理不让人的样子比较起来，圣人就宽厚容忍得多了。这里又可以与前文关于『无弃人，无弃物』的论述结合起来读。

那么如果你手里没有借据呢？如果借据是在别人、是在你的对手那边呢？或者如果你的对手伪造了借据对你俨然讨起债来了呢？

老子没有讲。但从全文来看，即使这样的情况下也无须着急。天网疏而不失；道曰反；祸福互相转化；天道无亲，常与善人；大道正是你的主心骨。

或者让我们思考一下，既然是圣人，永远心通大道，身体（悟）大道。大道就是左券，就是有理，就是借据，就是永远的主动。此亦一解。

而无德的人，圣人的对立面。圣人的对手是没有借据只有债务的。他们紧张而又冲动，焦躁而又闹腾，凶恶而又虚弱。

他们是那种得理不让人、无理搅三分的人。世上就是有这种无德者，除了表白自己与咒骂旁人以外，一无所用，一无所能，一无所有，一无所成。

作家中也有这样的人，越是自己写不出东西来了，没有小说没有诗歌没有散文没有戏剧没有评论了，连一个标点符号都弄不明白了，就越是一心积大怨而至死不解。他们没有任何一个地方学到了鲁迅，但是他们天天宣布到死一个也不原谅。他们还要去做催租催债状，觉得不论是老板是伙计是同人是受众，人人都欠他二百吊钱。他们看东看西都不顺眼，评南评北，概不合心，还要整天拿出一副愤世嫉俗的样子。自己干不成任何正经的建设性的事业了，他的决心就是让人人都干不成。

天道无亲，天地不仁，还有地呀自然呀什么的，并不讲情面，不讲感情，那么为什么又是常与善人呢？有人认为这是老子的两个天道，一个是主宰的天道，是无亲不仁的；而另一个是德行的天道，是仁的亲的。我不这样看，我觉得老子的爱好不是分析，不是切割，不是劈开，而是混同、尚同、整合、统一。我觉得这里的问题不是天道与善人亲，而是善人的风格、善人的做法、善人的选择与天道亲。问题在于你是否愿行天道，愿做善人，愿选择天道，而不是天道能否对你亲爱垂顾。

你首先选择了天道，天道才可能选择你。

与其幻想天道亲自己，不如自己去躬行天道。与其幻想天道常（给）予自己，幻想自己能得到天道的眷顾，不如自己去做善人。

如果你是善人，天道将向你招手，天道将自己走过来，天道将自然而然地存在于你的善心里。

什么是善人呢？对于老子来说，善是善良也是善于、擅长。尤其是统治者，或参与统治谋划统治的圣人，他们应



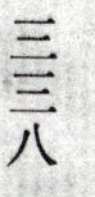

该是努力按照老子的主张为无为、事无事、味无味的；应该是不以知（智谋）治国的；应该是不嗜杀人、不喜用兵的；应该是以百姓之心为心的；应该是生而弗有、为而弗恃、功成而弗居的；应该是善救人、无弃人、善救物、无弃物的；应该是居善地、心善渊、与善仁、言善信、政善治、事善能、动善时、不争故无尤的。做到这些了，还能不与天道接近吗？

放眼旁观，有多少人咒骂自己运气不好，上天不公，埋怨老天不长眼，埋怨老天亏待了自己啊。多少人是一辈子牢骚一辈子咒骂又是一辈子一事无成啊。同时又有几个人懂得在不如意的情况下反思自己的责任、自己的失误、自己的大道缺失呢？

后面一种人才是与天道常亲的啊，后面一种人才是有可能长进、有可能出息、有可能做成几件事情的啊。

有时候我看到一些同龄人或者比我更年长的人，说起什么来居然像小孩子一样地怨气冲天、委委屈屈，没结没完，我就知道，完了，您老。反思自身是可以改善与调整自身的，是有效的。责人呢？除了气恼与失态，除了神经衰弱与心理失衡以外，你能做到什么呢？除了伤害自身，你又能起什么作用呢？

## 第八十章 小国寡民

小国寡民。使有什佰之器而不用，使民重死而不远徙。虽有舟舆无所乘之，虽有甲兵无所陈之。使民复结绳而用之。

甘其食，美其服，安其居，乐其俗。

邻国相望，鸡犬之声相闻。民至老死不相往来。

## 第八十章 小国寡民

小地方，人口也很有限，虽然有成十上百的器具，却没有什么人去使用。老百姓都顾命护命，把迁徙看得很重，因此谁也不愿意走出去很远。虽然有舟车的便利，但是没有什么人需要乘坐出行。虽然有盔甲兵器，但是不需要拿出来摆出来（更不需要使用）。让民人重新回到结绳记事的时代去。

对于食物，吃得喷喷香。对于穿着，穿得心满意足。对于住房，住得踏实安稳。对于风俗习惯，觉得舒服自在。与邻近地区城镇，互相看得见，也听得到对方的鸡叫狗吠，但是互不往来，直到老死。

我前面说过，老子是原道旨主义者。他相信、信仰人的婴儿状态、人类社会的早期状态。他为此刻画出了一个乌托邦，其中『鸡犬之声相闻，民至老死不相往来』一句，脍炙人口，很有几分《桃花源记》的理想国风情。

人就是这样的，人类就是这样的，文化越来越发达，头脑越来越复杂，手段越来越多样，享受越来越高档，能力越强，焦虑越来越多。在这种时候，对于文化、历史、科技、现代化的反思与批判的调子越来越高。

人类有两种乌托邦，一是向前看的幻想未来的乌托邦：设想今后的极乐世界、人间天堂。起码是发展得无所不能无所忧虑，例如设想今后会发明出不死药来。

一是向后看的怀念过往的乌托邦：设想回到例如唐尧虞舜周公时期，回到人类的无忧无虑的童年，回到简朴真诚乐天单纯的田园生活中去。

老子的乌托邦是第二种。

所以老子的思想，也只是思想，哪怕是伟大的与超前的思想。真是超前，老子对于文化已经采取质疑的态度了。





老子的乌托邦也还是乌托邦，哪怕是美丽的与爽气得很的乌托邦。

也许人类再发展一段，再闹腾一段，再愚蠢一段，再糟蹋一段地球生命与人自身，会更多地接受老子的这种乌托邦？

我则设想，老子的思想是伟大的，是一种清醒剂。同时人类的发展还会向着高科技、高生产率、高消费、高度紧张的状态走去，越全面高涨，越会觉出老子的伟大；而老子越伟大，他的乌托邦也就越发难以变成现实。

问题在于，不论你怎样反思批判立论惊人，停止或者扭转这样一个文化发展、生产发展与现代化全球化的趋势，几乎是不可能的。

还有，人类的原始、半原始状态，前文明状态当真是那么美好吗？人类的发展固然未必都是正面的进步，那么笃定是退步是毁灭吗？原始状态包含着单纯也包含着愚昧，包含着淳朴也包含着野蛮，包含着善良也包含着残酷，许多人类学的研究发现了下列的原始风习：杀害俘虏、虐待罪犯、祭天杀人、暴力滥用与性变态的风习（如割去女人阴蒂）……不能将文明文化万能化，同样也不能把拒绝文明文化万能化，把文明文化万恶化。

而他的小国寡民的乌托邦越是实现不了，就越应该钻研讨论，去发现它的长远价值、思考价值、哲学价值，并反思人类文明的种种歧路、种种危殆，反问我们自身：有没有更好的方式？有没有更好的前途？

除了对于这种向后看的乌托邦可以进行文化学人类学的考量以外，也可以从心理学的角度上予以探讨。人是会向后看的，谁不怀着深情回忆自己的童年自己的青春年华呢？这与一切价值判断无关，与意识形态无关，与历史观无关，只因为生命是短促的，过往的已经丢在你的身后的你比现在更年轻，你倾向于相信，你的过往才是最美好的，至少，

年轻比不年轻好啊。所谓单纯的童年、快乐的童年、如诗如梦的童年，比如舒曼著名的《梦幻曲》，其实原文就是《童年》，是多么可爱啊。

比如罗大佑的《童年》，「池塘边的榕树上，知了声声在叫着夏天」，这不是也与「鸡犬之声相闻，民至老死不相往来」的情调有相通之处吗？一个人的童年是值得怀念的，那么人类的童年呢？「天下」的童年呢？结绳记事的童年呢？

结绳记事是一个象征，一个比喻，老子反对的是记事太细，是把人生商务通化，日语的汉词叫做「手账」化。粗略地记一些大项目就行了，记那么细有什么好处？我年轻时见过这样的干部这样的人，他的日程表上不但记有工作事务的细节，也有与自己的情人通电话等计划。我就很难想通，当恋爱也日程化细节化计划化以后会不会影响你的感觉呢？一个人可以计划好几点几分热吻、几点几分拥抱、几点几分抚摸、几点几分做爱、几点几分高潮吗？

什佰之器而不用，这个说法令我想起一点花絮。一个是日本的电脑生产极其发达，但是日本作家用电脑写作者相当少，至少二十年前是这样，远不如当代中国作家使用电脑之普及。第二是有些欧美作家，喜欢自己搞一点手工活计，例如美国作家阿瑟·米勒就在自己家里做木器活儿。这也让我想到托尔斯泰《战争与和平》中的老瓦西里公爵，他也是在家做木器活儿的。

怕死不搬家、有船不乘的说法待考，老子是不是太拘泥于自然经济了？这是不是反映了国人安土重迁、落叶归根等传统早有根源？有武器不展示好理解一点，不赘。

「老死不相往来」的说法里包含着对于人际关系复杂化、加强化与非真诚化的负面评价。一个人究竟是与旁人的

关系越多越好呢，还是适当减少为好呢？人际关系的大发展，会带来如此多的恩怨情仇、亲疏远近、结盟树敌、利益转化、友化为敌、敌化为友乃至忽敌忽友，还有阵营分化与利弊权衡、诚信与做局下套、正解与误解、圈子与山头、头领与跟班、站队与投靠、沾光与株连……这里有多少狗扯羊肠子、羊毛炒韭菜的事儿啊。

至少，我有一个发现，越是大人物，朋友越少。大人物的目标太大，作用太大，目的性目标性太强，太有为（阳平，指作为）又太有为（去声，指原因）。他与别人来往，别人与他往来，都有自己的所图，他能不多多少少羡慕一下鸡犬相闻、老死不相往来的生活与交际方式吗？

交友，是小人物的专利。但是小人物中也不乏借交友以营私者。

我还发现，越是发达国家，人际关系反而没有那么发达强化。他们更习惯的是有事在一起，没有事各自分开，互相保持一定的距离。这可能与他们的个人主义、自由主义的传统有关，可能与他们的隐私观念有关，也可能与他们国家的人口密度比我们小得多有关。

越是城市，越是密集居住，如住公寓，人们之间越是不会随便往来。因为城市人口太密集，如果像农村那样随意推门就进别人的家，谁也不用过日子了。躲进小楼成一统，这里边的滋味与老死不相往来接近。

倒是在纽约的曼哈顿豪华公寓中，各家是做到了声音偶有相闻、老死不相往来的。

老子的小国寡民的乌托邦里不无个人主义与自由主义的契机。他的主张在中国，确有其另类的特点。

减少人际往来还有一个作用，客观上增加了人与自然的密切关系。越是耽于人际往来，越会轻视忽略大自然的存在。

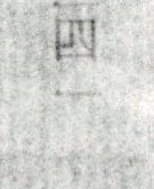

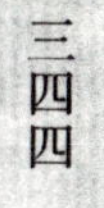



旧中国有谚云：『万事不如牌在手，一年几见月当头』，忙于与另外三个人斗牌的人，连月亮都看不见。还有一位定居海外的学人，自称他现在与自然的关系超过了他与人的关系。也许他们读起《老子》的这一章会有亲切感？

在为《老子》的这一章提供文化证词的时候，也许我们应该提到美国作家、超验主义者梭罗的《瓦尔登湖》一书。他在湖边修了一所木屋，在那里独自生活了好几个季节。他是做到了至少在一段时间只与自然打交道而谢绝同类了。他的书绝妙，同时也有另外的说法，说他是由于在社会生活中出了麻烦而暂时逃遁到湖边去的。

至今，发达国家中愿意体验孤独的林中野人生活的屡有其人。时有向后看的乌托邦主义者，幻想着最大的美好、最大的理想不是高科技，不是高国民收入，不是高消费，而是小国寡民，结绳记事，日出而作，日入而息，凿井而饮，耕田而食，鸡犬相闻，老死不相往来……这不也是一种人类的心理平衡、一道学术思想的风景、一种思路的补充与参考、一种对于某些缺憾的提醒与警告吗？

我国则有隐士的传统，但他们多半隐得不彻底，一逢三顾茅庐，或者其他被胁迫的情况，他们就又回到红尘中来了。

让我们再总结一下相往来与不相往来的问题：

一、地球已经变小，目前不仅是鸡犬相闻之处，就是大洋彼岸发生的事情，也与本国本乡本土有关。客观上、技术上（如互联网），人们的往来愈益方便，各种人际往来已经大大增加，并将继续增多。

二、组织化、集团化的趋势正在发展。不论是国家、国际组织、公司、政府、军队、政党、非政府组织……都在依靠组织与集团的效率与力量。

三、公关化与利益化，正在改变人际往来的性质，乃至改变男女之情、亲情、友情的性质，并带来许多困扰。巴尔扎克在作品中已经精彩地描写了这种困扰。

四、过分膨胀的人际往来，加上传媒的发展等原因，造成了无个性化、个人自由的被侵犯挤压与流失等问题。在此种形势下，人们有可能产生独来独往的乌托邦梦想。前人早在诸如《鲁滨孙漂流记》《人猿泰山》中已经表达了这样的幻想。

老子的不相往来的主张虽然无现实性，仍然值得人们思量品味。

让我们联想一下陶渊明的《桃花源记》吧。忙碌之中，红尘之外，从审美的角度来读，那不是一篇绝妙的好文章吗？心灵的抚慰，想象的奇特，乌有之乡，乌托之邦，如诗如梦，如幻境如幽险，虽不可当真，却也不妨一哂，至少也还算有趣吧。

小国寡民的乌托邦，也许从当今的世界地图上，从幸福指数的角度上可以有所体察与讨论。有一些小国，也许人均收入并不是最高，对于世界的贡献不是最大，在国际事务中起的作用也比较有限，但是那里的生活相对比较安定，小日子过得很不错，各种国际风波它们多不掺和，老百姓有很高的幸福指数。例如我去过的不丹，人均年收入只有七百美元左右，但幸福指数居于世界前列，有的甚至说是幸福度世界第一。他们生活在高原、密林之中，他们的飞机场只有本国的客机才能降落，别国飞机不敢在那种地方落地。他们的政体正在从君主制向君主立宪制过渡。那里的狗在街上生活，没有被任何私人圈养，也就没有私有观念，从不向任何人龇牙或乱叫，因此那里的狗也是最和善的。那

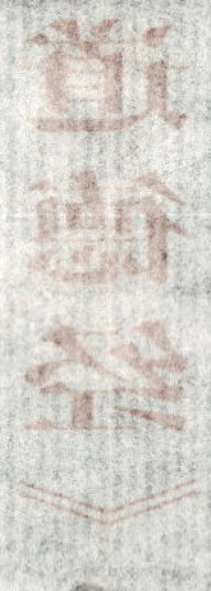

里每人每年至少要种十株树。此外像瑞士、新西兰，也都有人羡慕。

国有小国寡民，人也有小人物，小人物当然有自己的乐趣，至少李斯在被杀时羡慕过牵着黄狗溜达的日子。老子的许多忠言都有劝诫性，不要贪大图强，不要拔份儿，不要过度膨胀。他的这一类劝诫难以改变生存竞争包括民族竞争与国际竞争的现实，但是他的某些说法，仍然不妨一听一想一笑一豁然。

## 第八十一章　信言不美

信言不美，美言不信。善者不辩，辩者不善。知者不博，博者不知。

圣人不积，既以为人己愈有，既以与人己愈多。

天之道利而不害，圣人之道为而不争。

真实可信的话语不见得美丽动人。美丽动人的话语，不见得真实可信。精通擅长或者善良忠厚的人不会去雄辩滔滔，雄辩滔滔的人不大可能是精通擅长或者善良忠厚的人。真正有知识的人或者智商高的人，不会事事行家里手。事事行家里手的人，不会有真才实学或高智商。

圣人不会去积攒求富求获得求发达。他事事为别人，而自己却更加富有。他什么都赠送他人，而自己反而更多。

天道就是这样的。有利万物的自然运转而不损害妨碍万物的自然发展。圣人之道，也是这样，虽然有为，但是不争夺。

老子知道他的见解是不容易被人接受的，他知道他讲述的话语与常人凡人的见解是相背离的，他也知道他的话与

常人凡人的期待是不一致的。所以他要说，好听的话不一定真实可信，真实可信的话不一定好听。他坚持他的与众不同的见解。他警告读者，不要只听自己想听的话。

在他快要结束他的微言大义的论述的时候，他叹息于非可道、非美言、非可辩、非博、不争的大道的表述之困难。

在最后一章，他似乎在说，我还能说些什么呢？

反正我说的是利而不害，为而不争，为人而已越有，与人而已越多。还要怎么样呢？

当然，也有可能目前用的以王弼本为基础的《老子》是后人编纂的，因此不能说老子是在此书说什么不要说什么。

那么，让我们考虑一下编者——是不是王弼呢——的编辑意图吧，为什么止于斯呢？

老子也同样有一个不争论的主张，他知道滔滔雄辩，词锋锐利，合纵连横，其实于事无补，于道无补，谁在口水战中占上风其实远不重要。他的《道德经》五千言，已经足够，无须再发挥再驳难再辩论。真正有成就有作为的人未必需要说那么多话，也未必需要在与旁人的争辩中占上风。

知者不博云云，讲的是学风、作风。没有比全知全能再不可能再可笑的了。越是有真知灼见，越是知道事物千差万别，知之甚难。多数人自以为知道懂得，其实最多是略知一二，或者是只知其一，不知其二。名将不谈兵，名医不谈药，原因是名将名医知道兵事医术都太复杂，太容易说错。越是内行越慎重，越是内行越不轻易指手画脚。

圣人并不去有意识地积攒积累什么，物质、财富、知识、名声，圣人之所以是圣人就是因为他们无私助人、给予人、为别人。圣人从不考虑所得，而只考虑奉献。就像天道从不想损害妨碍万物的自然运转，而是有利于万物的自然发展。

显的人都争至少要拼个十来年。出代等[illegible]，也都有人赞赏。

国有小国寡民，人也有小人物。小人物也会有自己的乐趣，至少不像争强好胜的大国那样疲于奔命。老子

的社会学评价与……不要贪大图强，不要拔苗助长，不要过度扩张。他的这一类的说法，

争占国际关系中的现实，但是他的某些说法，仍然不妨一说一想一笑一赞然。

## 第八十一章 信言不美

信言不美，美言不信。善者不辩，辩者不善。知者不博，博者不知。

圣人不积，既以为人己愈有，既以与人己愈多。

天之道，利而不害；圣人之道，为而不争。

真实可信的话语不见得美丽动人，美丽动人的话语，不见得真实可信。精通道义或者善良忠厚的人不会去辩解论说，辩解论说的人不太可能是精通道义或者善良忠厚的人。真正有学识的人或者智慧高明的人，不会事事行家里手，事事行家里手的人，不会有真才实学或高明智慧。

圣人不会去贮藏、求富、求稳、求成。他尽量去帮助人，而自己得到更加富有。他什么都给予别人，而自己反而更多。

天道就是这样的，有利于万物的自然运行而不妨害万物的自然发展。圣人之道，也是这样，虽然有为，但是不会争夺。

老子深知他的见解是不容易被人接受的，他知道他讲的这些话语与

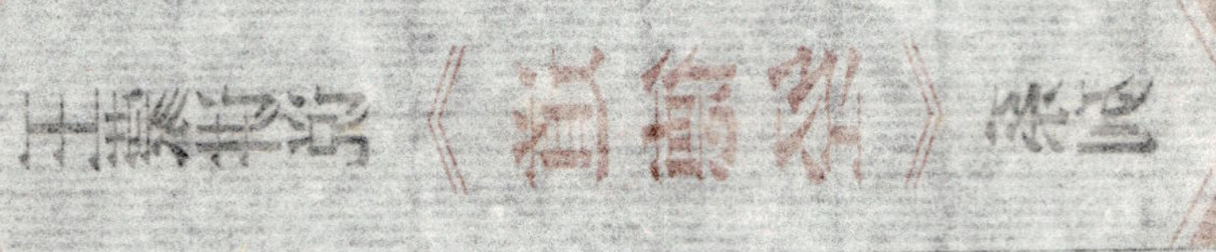

常人凡人的期待是不一致的。所以他要说，好听的话不一定真实可信，真实可信的话不一定好听。他这样说也会有不同的反应。他告诫读者，不要只听自己想听的话。

在他的晚年，他把他的微言大义估计清楚，他说自己非可道、非美言、非可辩、非博、不争的大道的表述之困难。

在最后一章，他反复讲说，我还能说些什么呢……

当然，他自己明白以王弼本为基础的《老子》是后人编纂的，因此不能说老子是在此书此说什么不要说什么。

那么，让我们考虑一下结尾——是不是王弼的——的编辑意图吧，说什么也无所谓了。

以上说的是利而不害，为而不争，为人而己愈有，与人而己愈多。还要说什么呢？

老子也同样有一个不争的主张。他既有消极避世、同样相处、合作共赢，其实无事无为，无道无术，……

站中占上风其实并不重要。他的《道德经》五千言，已经足够，……真正有知识的人未必需要说那么多话，也未必需要在人的争辩中占上风。

知者不博之说，指的是学问、知识。没有以全知全能为目标的必要，而是有真知灼见，而是知道事物的规律。

知之甚详。多数人自以为知道道理，其实最多是知道一二，或者是只知其一，不知其二。

原因是各种各样的知识道理太复杂，太容易误导。越是内行越谦虚，越是内行越不好说话。

圣人并不去有意识地积攒、积累什么，财物、财富、权力、名声。圣人之所以是圣人，就是因为他们总为别人、给予人，为别人。圣人从不务求虚名，而只务求实际。就像天道从不刻意去造成万物的自然运行，而是有所干预但顺其自然发展。

这里所说的圣人不积，与前面讲过的啬、俭、蓄有语义学上的悖论。啬了节约了俭了尤其是蓄了，不就是积了吗？我们可以这样理解，这里的积主要是指一种获得的愿望、占有的欲望，积中有贪意存焉。圣人想着的永远是奉献而不是获得。

圣人之『为』，在某种意义上也可以说是老子所提倡的无为，不争是他的特色。老子写下了《道德经》五千言，这是他的为。这个为的目的是无为，是为争灭火，是不争。其实想开了所有的为，都只能是为而不争。思想家有了天才的著作，能不能被接受，会不会被歪曲，这不是你能争得出来的。政治家建功立业，能不能被承认，会不会被野心家所篡夺扭曲，会不会功未成而身先死，空使千古为之泪沾襟？会不会被后世所否定？你上哪儿去争去？艺术家的天才创造，被攻击、被剽窃、被误解、被冷落，黄钟毁弃，瓦釜雷鸣，你跟谁说理去？最好最好，你也只能是尽人事听天命，只能微微一笑，最好低下头来。

但行创造建设，莫问前程。你的前程就是你的创造和建设，就是体悟大道的欢欣喜悦、明朗纯净，而不是创造和建设之外的、大道之外的污浊腐烂。

反过来说，如果你争得太厉害了，你整天辩论批判斗争拼命，你还有时间与精力去进行建设性的劳动吗？你还能有所建树吗？你还能有智慧吗？用智慧去创新篇，是美好的，也是艰难的。用智慧去捣糨糊，是不得已而偶一为之。用智慧去蹚浑水，去抢腐鼠，那就不是智慧而是失智的同流合污了。

李商隐有诗云：『……永忆江湖归白发，欲回天地入扁舟。不知腐鼠成滋味，猜意鹓鸰竟未休。』争来争去，会

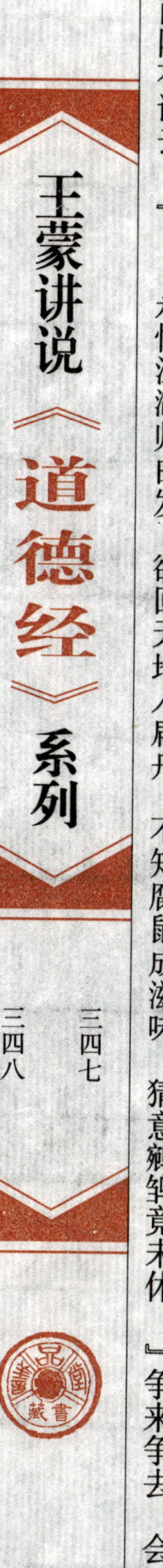




不会腐鼠也成了滋味了呢？

圣人为而不争，那么非圣人非贤人呢，甚至也非正派人呢？蠢人小人糊涂人坏人呢？他们的特点是争而不为，除了疯狂争斗以外，他们不种粮食，不造物品，不卖油盐，不写小说，不吟诗不作曲，这样的疯狂争斗者可真是天下的祸害呀。

为什么争而不为，因为在某些条件下，他们认为争的效益大大超过了为。既然抓辫子打棍子扣帽子的效益大大地超过了建设性的劳动，小人坏人们能够去耐心地为去吗？

在这种情况下，圣人也只能无为了。这是无为的另一解，也许是歪解。

把利而不害与为而不争并列，是此章文字的一个看点。为而不争，已经讲了不知多少次了。利而不害呢？我想这里讲的并不是具体的利益，不是讲圣人的行善与助人为乐，而是讲天道的包容与对万物自化的尊重与信任。天道不干扰、不破坏、不违背万物的发展规律，不做与大道对着干的事情，这已经是利而不害了。

在这一章圣人与天道是统一的，圣人即掌握了至少是靠拢了天道之人。

那么圣人的对立面呢，他们的害至少有两个意思：第一，他们与人为恶，与物为恶，他们有一种破坏欲，他们可以并无目的与仇恨动机地去造谣生事、挑拨是非、残害生灵、损毁万物。与君子有成人之美相反，他们有一种天生的损害性、阴暗性、为害性、为敌性，唯恐天下不乱唯恐别人不倒霉性。他们的阴暗使他们视光明为不共戴天同时永远够也够不着之敌；他们的浑噩使之视智慧为不共戴天与永远够也够不着之压迫；他们的浅薄使之视深思为不共戴天与永远够也够不着之威胁；他们的偏执与狭隘使他们视开阔包容全面为不共戴天与永远够也够不着的陷阱。第二，这里

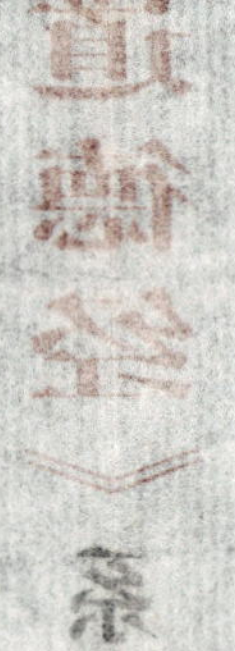



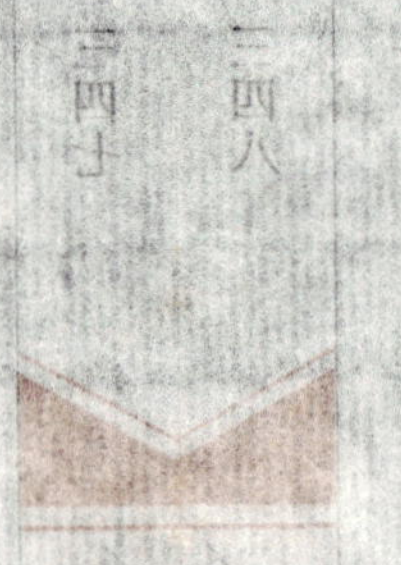

的害是妨害妨碍。他们也很辛苦，他们的特点是害而不利，他们总是逆历史规律、逆大道而努力。甚至他们也时而自以为得计，时而自觉冤屈……最终却是害人害己害事业。

请允许我为《老子》加上这么一句话：圣人为而不争，小人争而不为。天道利而不害，霸道害而不利。信者忠言逆耳，伪者佞言中意。言者无所不知，知者有所不知、有所不能、有所不为。

圣人对人众有悲悯心、有责任感、有尊重也有适当的距离。圣人的对立面对于圣人有嫉恨也有完全的不理解，有隔膜与不平，有绝望与晦背感。

不可争。不可争。不可说。

天网恢恢。天道彰彰。一曰大，二曰逝，三曰远，四曰反。夫复何求？

到了《老子》结尾之处了，到了我为《老子》提供的意译与证词结束之处了，我愿意作证：老子能够从思辨与心理上、从理论（动词）与悟性上、从境界与远见上乃至从自信与信仰上帮助我们。读《老子》如饮仙泉，如沐山水，如振羽而飞，如登高眺望，镇定从容，睥睨万有，亲近众生，如入无物之境。

同时老子也留下了太多的困难，太多的无奈。他察之深，言之简，论之模糊，处之则只有泰然。也只能泰然，还能怎么样呢？

他说了许多的『无』，他无了许多的『说』。他欲说的话比已说的话多，他请你自己定夺的话比已经告诉你的多。他说得不太充分、不太明白的话比已经说透说明的话多。





有许多前贤对于《老子》作出了极其有益的解读，但是解读完了仍然是不得其旨的甚多。这是解读者的事儿呢，还是原著者的事儿呢？也许老子的在天之灵正为了解读的大有空间而满意得意称意？

他留下的《道德经》五千言至今仍然值得阅读体味翻过来掉过去……还要怎么样呢？

老子是爱你们的，要明白啊，读者！